明治図書

中学校英語サポートBOOKS

学びが広がる活用アイデア

中学校 英語×ICT

場面別指導スキル から 最新授業事例 まで

開星中学・高等学校教諭 青木 和伸

はじめに

GIGA スクール構想によって始まった１人１台端末の導入により，すべての学校に児童・生徒用の ICT 機器が設置されました。一般の人々からすれば，その先進的な取り組みに驚きを感じたり，自分たちの子ども時代とは変わったと感じたりしていることでしょう。

本書を手に取っているのは，恐らく学校の現場で日々様々な問題と奮闘している教員ではないかと思いますが，その教員の皆さんにとって１人１台端末の導入はどのように映っているでしょうか。私は学生時代からパソコンショップでアルバイトをし，コンピューターが思うように動かないときは試行錯誤をするのが当たり前と思っている英語教師ですから，授業での ICT 活用についても全くストレスを感じていません。

しかし，私のように感じている現場の教員はごく一部であることは明白です。それどころか学校現場は，そもそもコンピューターなどの ICT 機器の業務への導入も他業種に比べるとかなり遅れていたように記憶しています。人によっては，電子メールによる業務連絡を拒まれるといったことも，最近まで日常的なことでした。ましてや，生徒の学びの場に iPad や Chromebook を活用すると宣言しようものならば，断固拒否という人がいても全く不思議ではないというのが学校現場であるように思います。

すべての学校に真新しい iPad や Chromebook，高速インターネット回線，校内 Wi-Fi などが配備され，これでいよいよ教育現場も ICT 活用が万全のスタートを切れると思いきや，肝心の現場でそれを使うはずの先生たちへの指導が十分に行われず，新しい端末はずっと保管庫におかれたままという話もよく聞きます。コロナウイルスによる休校で，Google Meet や Zoom などの会議システムを利用した遠隔授業は一般的に行われるようになりましたが，これで終わってしまっては，ICT は高価なテレビ電話システムに過ぎません。

教育現場には，新たに対応すべき課題が増え続けています。多様な生徒や保護者への対応，不登校傾向の生徒数の増加，新しい観点別評価を含んだ新学習指導要領への対応，そしてこのICT活用が加わりました。業務は増え続ける一方で，教員の数は不足しています。教員を志す大学生の減少や休職に追い込まれる教員の増加で，これまでより多い業務を，これまでより少ない教員でこなさなければなりません。この負のスパイラルが続けば，学校は間違いなく倒産です。一般企業なら不思議なことではありません。

ICTは目的ではなく手段です。学校における諸問題は解決すべき対象であり，ICTはそれらの問題の1つではなく，他の問題を解決できるかもしれない方法の1つです。もちろんICTは万能な存在などではなく，従来の方法を用いた方がよりよい場合もあります。ICTは，時間と場所について効率化する可能性をもっています。

私がICTでやりたいと思っていることは，生徒たちに，これまでよりも学びを楽しいと感じてもらうこと，これまでよりも自ら学びたいと感じてもらえるようになること，そして教員が充実感を感じられる指導ができるようになることです。これまでなら，実現のためには莫大な時間と労力が必要だった指導内容でも，ICTを活用すれば時間や労力を浪費することなく，実現できてしまうこともあります。時間と手間がかかるからと言って，あきらめる必要がなくなります。そして，効率のよい学びをさせることで，新たな学びの時間を創出することも可能です。これによって，より深い学びにつなげることも可能になります。

今，社会は激しく変化しています。未来を予測することが非常に困難になっています。それだけに，私たち教育を担うものは，教育の内容も方法も，その時代に合わせて変化させ続けていく必要があります。ICTを活用して教育の質を高め，生徒たちがより多くのことを身につけられるようになればと考えています。

2023年1月

青木　和伸

CONTENTS

[協働学習・発表]

[評価]

[板書]

[その他]

Chapter 3

中学校英語× ICT の授業アイデア

[中学１年]

英語× ICT の強みと弱みを理解しよう

Chapter 1

01 ICTで学びを広げる

ICTは難しい？

2019年に文部科学省よりGIGAスクール構想が発表され，それ以後全国の小学校，中学校，高等学校には１人１台端末と，高速大容量の通信ネットワークが整備されていくようになりました。

現場の先生方の多くは，教材やテストの作成，様々な文章の作成などの日常の業務でICT機器を使いこなすことはできるようになっていると思います。

しかし，外国語の授業をはじめとした，子どもたちが学習活動の中でICTを活用してこなかった授業において，先生方がICT機器を活用したり，あるいは子どもたちに教材としてICT機器を使わせたりとなると，何をどうしたらよいのか全くわからないという先生方も多いのではないでしょうか。

「ICTはわかる人だけ使えばいい」，「そんなことにかけられる時間はない」「コンピューターなんて自分が使うだけで精一杯」などという声が聞こえてきそうです。

学びに新しい場面を与える

教科書や文法の単元ごとに，「授業プラン」や「私の教え方」があるのが一般的だと思います。そして教える子どもたちの様子に合わせて授業をアレンジしているのではないでしょうか。その他にも，研修会や勉強会に出かけたり，授業のアイデアについての本を参考にしたりして，今の自分の授業に新しい要素を加えてバージョンアップを試みることもあるのではないかと思います。

ICT を授業で活用することは，今の授業に新しいエッセンスを加えてバージョンアップすることです。もし今使っている教科書やノート，教材のすべてを捨てて，完全に新しい授業をつくらなければならないと考えている先生がいるとすれば，それは考え過ぎです。ICT だからこそできる学習方法があり，それをエッセンスとして，今の授業に少しずつ加えていくだけなのです。

これまで培ってきた指導方法のよいところは継承しつつ，それに ICT を組み合わせることによって，これまでの授業をバージョンアップさせるというのが基本的な考えになります。

もちろん，ICT にはこれまでの方法には持ち合わせていなかった特徴がありますので，バージョンアップではなく，全く新しい方法で指導できてしまう場合もあるでしょう。また，ICT を活用してバージョンアップできる授業がある一方で，これまでの方法のほうが ICT を活用した場合の指導方法よりも優れていることもあります。

大切なことは，ICT を使うことが目的ではないということです。私たち教師がしなければならないことは，子どもたちがよりよい理解ができるにはどうすればよいか，より効率的な授業はどのようにすれば行えるかということを考えることです。手段を目的化させてはいけないということを忘れてはいけません。

02 時間と労力を削減し，新たな学習時間の創出へ

ICTの得意ワザ①　カラー，動画，音声

子どもたちに配るハンドアウトをカラーで印刷できたらおそらく魅力的なものになるかもしれません。モノクロ印刷ならわかりにくいものもカラー印刷ならわかりやすくなるでしょう。しかし費用を考えるとなかなか難しいものです。もしも，教師が子どもたちに見せたい，あるいは聞かせたい教材をCD-RやDVD-Rに記録して配布できたらきっと素晴らしいことでしょう。しかし少人数クラスならまだしも，大規模な学校ならまず現実的ではなくなります。

しかしICTを使えば，これらはすべて可能になります。配布する教材のコンテンツを準備することはICTを活用しない場合と同じですが，配布する手間は，小規模なクラスであっても大規模な学校であっても全く変わらないのです。これまではハンドアウトとして紙にモノクロで印刷するしかなかったものが，カラーで，必要に応じて動画や音声で，教材を提供できるのです。場合によっては，インターネット上のWebサイトへリンクさせることも可能です。

ICTの得意ワザ②　場所と時間を選ばない

教室での朝の風景を思い浮かべてください。

――朝礼前，前日の宿題を係の子が集めて職員室の先生に届けます。そし

てその先生は，子どもたちが帰るまでにその宿題をチェックして，返却します――。

これも学校ではよくある光景ではないでしょうか。また，その提出させるものは，おそらくノートや問題集，ハンドアウトというのが一般的ではないでしょうか。

ICT を使うと，子どもたちが家で宿題をこなした後，その場ですぐに提出できます。そして「誰」が「いつ」，「どんな内容」の宿題を出したのかがすべて記録に残ります。写真に撮れば，ノートや問題集も提出できてしまいます。また，子どもたちに音声を録音させたり動画を記録させたりして提出させることもできます。プリントやノートなどの紙だけが宿題になるのではありません。

ICT の得意ワザ③　手間と時間の節約

例えば授業では，小テストを行い，集めた解答用紙を教師が採点するという場面があります。そんなときに ICT を活用すると，短時間に効率よく行うことができます。コンピューターなどの ICT が得意とするのは，大量で機械的な作業については短時間に処理できることです。

宿題や教師が作成した教材を子どもたちに配布する場合でも，これまでは必ず人数分の枚数を印刷するという作業が必要でした。

しかし ICT を使えば，そもそも人数分の印刷をする必要がなくなります。また内容にもよりますが，小テストを行う場合でも，事前の印刷，配布，採点と得点の管理，返却という流れでしたが，やり方次第では，採点の一部を除いては ICT で代行させることも可能です。

私たち教員の現場は人手不足と過重な労働時間が大変問題となっています。**「そもそも ICT の導入が私たちの仕事を増やしている」という声が聞こえてきそうですが，ICT の導入には，その他の「新しい仕事」とは少し性格の違う側面があります。**

その他の「新しい仕事」は，単純に今の業務に新たに加わるものが多く，多忙感の軽減には全く貢献しません。しかしICTを導入することによって，現状の業務を効率的なやり方に置き換えられる可能性があります。導入時には間違いなくやる気と労力がかかりますが，いったん導入してしまえば，そのあとは効率よく仕事をこなすことができます。

また，時間と労力が節約されるということは，これまでは多忙感でできなかったことであっても，新たに取り組むことができる可能性があります。これまでの授業をさらにバージョンアップさせるチャンスにもつながります。ICTの導入には，現状の指導を発展させる側面と，同じ内容でも合理化させるという２つの側面があります。

私たち教員という職業は，世間ではいかにブラックであるかということがアピールされています。

しかし私自身は，教員という仕事は非常に魅力的な仕事だと感じていますし，できなかった子どもたちができるようになった瞬間の達成感は，何事にも代えがたいと感じています。

しかし教員の人手不足は，いまや非常に深刻なものとなりつつあります。教員の担い手を増やすためにも，魅力化と合理化が可能なICTの活用は非常に有効な手段なのです。

03 活用事例を校内でシェアして仲間を増やす

思いついたらやってみる

私は，しばしばICTについて「ICTを入れたら何ができるのか」という質問を投げかけられます。

本来は，まず解決したい問題があり，その解決のために導入されるべきところですが，残念ながらICTは導入すること自体が目的となってしまっているところがあります。「使えと言われたから使っている」という感じが非常に強いのではないでしょうか。多くの先生方が，実践例を知りたいと思っているのが現状です。

学習活動でのICT活用はまだ始まったばかりです。そのため，一部の先進校や地域では実践例ができつつありますが，中には時間と労力をこれまで以上に増やしてしまっているものや，その人でなければできないようなものも見受けられます。しかし，思いついたらまずは実際にやってみることは非常に大切です。**トライ＆エラーを繰り返し，よりよい方法を見つけることが必要です。**

他の教員とアイデアをシェア

同じ英語科の教員同士であれば，４技能５領域に関わる細かな部分で意見交換が可能ですが，英語科以外の先生たちの中にも私たちが使えるアイデアをもっている場合があります。そういった先生たちとその日に実践したことを報告し合うことで，新たなアイデアを得られることがあります。校内にアイデアをシェアできる先生が３人，４人と増えていくことで，校内にICT活用の輪が広がっていきます。

例えば私の現勤務校においても，当初はiPadを教師も子どもたちもApple Pencilなしで活用していましたが，ある教員がApple Pencilを用いることで，板書や添削がそれまでよりも圧倒的にきれいにそして簡単にできることを発見しました。

それから，今では大勢の教員がApple Pencil（互換品を使用している人がほとんどです）を使用するようになりました。また，新入生には端末と同時に購入させるほどになりました。

隣の先生と今日どんな活用をしたか積極的に話してみてください。成功したときは自信たっぷりと，失敗したときは「こんなことやってしまった！」と暴露してください。話をした先生に情報を提供したり，解決のヒントを得ることができたりする可能性があります。

04 ICTの強みと弱み 従来の教材と組み合わせて

鉛筆，教科書，ノート，そしてICT

ICT機器は，これまでの鉛筆，教科書，ノートを完全に置き換えてしまうものではなく，それらと組み合わせて活用することが重要です。教科書やノートに加えて，学びの道具が１つ増えたに過ぎないのです。

そのため，これまでの指導方法のメリットは活かしつつも，そのデメリットをICTで補える可能性があります。見せ方を変える上で有効な手段に成り得るのです。

例えば，教科書本文の内容理解（comprehension）を考えてみましょう。本文の後にはＱ＆Ａが準備されていますが，子どもたちに「これを読んでノートに答えを書きなさい」と指示をしたらどうなるでしょうか。英語が得意な子は恐らく一生懸命に取り組むかもしれませんが，スローラーナーにとっては苦痛な作業になる可能性が高くなります。

しかし，これをペアワークにしてゲーム的な要素を取り入れ，子どもたちの競争心を利用するような活動に変えたとしたら，子どもたちは主体的に取り組める可能性が高まります。ICTは，このような側面で有効に働かせることができます。

ICTは万能ではない

ICTで学びの可能性は大きく広がるのは間違いありません。しかし，ICT

がもたらすデメリットがあるのも確かです。

ICT の導入に否定的な立場の人の中には，「やっぱり ICT なんて使えないじゃないか」と言ってそれを指摘する人もいます。しかし，これまでの指導方法にもデメリットは存在しました。これまでも問題点が予想される場合には，それを少しでも回避するために工夫を凝らしてきました。**大切なことは，「うまくいくためにはどうすればよいか」を考えることです。**

子どもたちの ICT の使い方にも正しいものと間違ったものがあります。ICT の導入に反対的な立場の人たちからは，特に間違った使い方について指摘をされ，導入すべきでない理由に挙げられます。授業中にゲームをしたり，動画サイトを閲覧したりするのではないかと言われます。

しかし，子どもたちがそういった使い方について興味を失う可能性はまずありません。間違った使い方については，機器を準備する大人が対策をしっかり準備した上で，子どもたちが問題のある行動をしたときには適切な指導を行うことが重要です。むしろ子どもたちが間違った使い方をしたときは指導のチャンスです。子どもたちが間違った行動をしてしまうのは ICT に限った話ではありません。

最後に，多くの子どもたちは ICT 機器を使うのがとても好きです。ICT 機器を使って授業をするときには，それまで消極的だった子どもでも，積極的に学習に取り組もうとすることもあります。しかし，本質的に授業そのものが魅力的でなければ，そういった子どもたちは飽きてしまいます。他者と協働したり，深い学びができたりすることで，学びがより興味深いものになっていかなければなりません。ICT はそういった授業づくりを後押ししてくれるのです。

場面別
中学校英語の
ICT 活用スキル

Chapter 2

[まずはここから]

スキル01 プリントからPDFへ

活用ツール：Google Classroom など

Point1 カラーを加えて見やすい教材に
Point2 PDF ファイルは簡単につくれる

授業でICT 活用というと非常にハードルが高く，身構えてしまう先生方も多いのではないでしょうか。最初にご紹介するスキルは，普段のハンドアウト（プリント）をPDFにして学習支援クラウドで配布するというものです。授業で配布する資料はパソコンで作成，印刷，配布という流れですが，印刷の手間がなくなります。

Point1 カラーを加えて見やすい教材に

PDF ファイルで配布物を作成するのであれば，カラーを上手く使ってハンドアウトを魅力的にしたいものです。紙に印刷するのであれば，カラー印刷はコストの関係から，使用が敬遠されるのが一般的ではないでしょうか。しかし，PDF を作成するのであれば，ファイルの容量には差が出るものの，コストはモノクロと同じです。特に写真や図などはモノクロに比べてその表現力が格段に向上します。

しかし，文字については少し注意が必要です。**多くの色を使い過ぎてしまうと，むしろ見辛くなってしまいがち**です。特に視力に自信のない人や色覚異常の人にとって，識別しやすい色を使うことが重要です。

Point2 PDF ファイルは簡単につくれる

PDF は Adobe が開発した電子文書の規格です。今では様々な場面で活用されているので，誰もが一度はインターネットからダウンロードしたことがあるのではないでしょうか。しかし PDF ファイルの作成となると，馴染みのない方もいるかと思います。方法を２つ紹介します。

１つ目の方法は，Windows や Mac が持っている印刷機能を利用して PDF ファイルを出力する方法です。Windows 10を例にとって説明します。印刷をするときに，「プリンター」をいつも使っているプリンターから「Microsoft Print to PDF」に変更し，「印刷」をクリックします。PDF ファイルを作成する場所を聞いてきますので，場所を指定します。この方法であれば，印刷機能を有するすべてのアプリケーションから PDF を作成することができます。

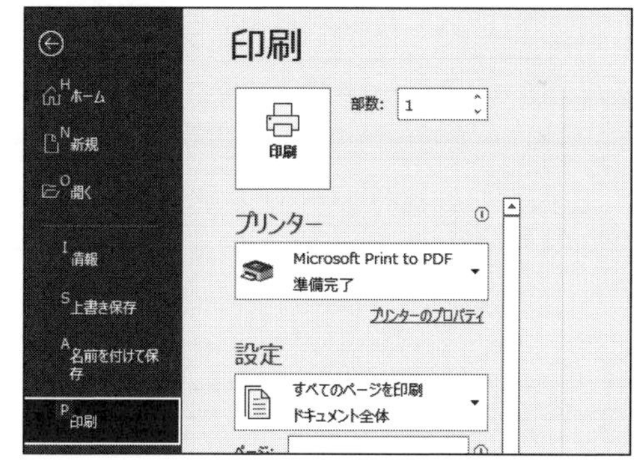

２つ目は，使っているアプリケーションから PDF を直接書き出す方法です。Microsoft Word などの Office 製品は「ファイル」-「エクスポート」-「PDF/XPS ドキュメントの作成」を選ぶことで PDF ファイルを出力することができます。

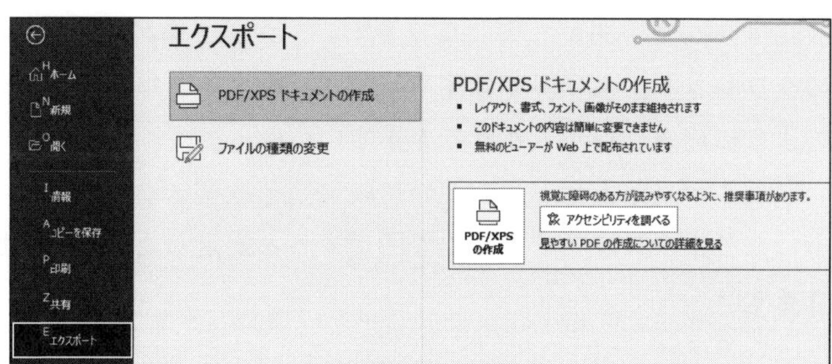

[まずはここから]

スキル02 音声や動画，リンクを共有

活用ツール：カメラアプリ，MP３録音アプリなど

Point1 見せたい・聞かせたい教材を確保する
Point2 ファイル形式はMP３やMP４で
Point3 著作権に注意

これまで教材は紙ベースでしたので，教材の印刷物は，必然的にモノクロの文字と絵，写真でした。

しかしICTを利用することで，コンピュータやタブレットで取り扱えるメディア（媒体）であれば，教材として利用可能となりました。また，Webサイトなど，直接URLのリンクを貼ることも可能です。

Point1 見せたい・聞かせたい教材を確保する

反転授業のための動画や後述するような文法の学習動画となると，その作成には時間と手間が必要になります。しかし，**単純にiPadやAndroidなどのタブレット，スマホで動画や音声を記録するだけならば，皆さんもご存じのように簡単に行うことができます。**

黒板やホワイトボードを使い普段と同じ授業スタイルの動画撮影を行う場合は，**三脚やスタンドを使って固定すると安定した動画を撮影することができます。**

Point2 ファイル形式はMP３やMP４で

音声を録音する際にはMP３で，動画を録画する場合はMP４と呼ばれる形式をおすすめします。

音声や動画のファイル形式には様々なものがあります。その中で，これらの形式のファイルであれば，iPhone/iPad や Android，コンピュータであれば Windows や Mac であっても利用しやすいファイル形式です。

特に Google Workspace for Education（以下，Google Workspace）のように，様々な種類の端末に対応している学習支援クラウドでは，生徒たちが学校で指定した端末以外から使うことも想定されます。そのため，**汎用性の高いファイル形式を使うことが望ましい**です。

Point3 著作権に注意

従来から，書籍などの教育目的での複写については，先生方はよくご存知のことと思います。ですが，オンライン上での扱いはどうでしょう？

オンラインでの配布については，2020年に著作権法が改正され，オンライン授業での著作物の配布が柔軟に行えるようになりました。

しかしながら，配布の内容によっては不適切なものとなってしまう場合もあります。

文化庁の Web サイトで，具体的なケースを挙げて説明されていますので，下記なども参考にしてみてください。

「授業目的公衆送信補償金制度の早期施行について」（文化庁）
（https://www.bunka.go.jp/seisaku/chosakuken/92169601.html）

[まずはここから]

スキル 03

ALT や自分の声で気軽に録音

活用ツール：MP４録音アプリなど

Point1 JTE の音声でも気にしない

Point2 iPad に標準搭載の「ボイスメモ」を使う

現行の検定教科書には各ページに QR コードがページ印刷されています。これを読み取ると，出版社が用意したモデル音声を聞くことができるようになっています。

しかし，速度を変えたり，文と文の間にポーズを入れたりするなど，もともと用意されているのとは違う音声教材を使用したい場合には，自分や ALT が録音したものを教材として配るという方法があります。

Point1 JTE の音声でも気にしない

校内でリスニング教材をつくると考えたとき，読むのはネイティブスピーカーでなければならないと思いがちではないでしょうか。しかし，授業では JTE がしばしば生徒たちに英語を聞かせているはずです。**自分で話して録音するのであれば，思い通りの教材を好きなときにつくれます。**

ALT が常駐している学校であれば，ALT に頼むのももちろんよい方法ですが，ALT が多忙であったり常駐でなかったりする学校の場合は，やはり自分で録音するのがベストです。自分の声を録音することに抵抗を感じられる方もいらっしゃるかもしれませんが，ぜひやってみていただきたいです。

Point2 iPad に標準搭載の「ボイスメモ」を使う

音声を録音するファイルの形式には，WAV，AIFF，FLAC，MPEG，MP３，MP４，AAC，WMA など様々な種類があります。

校内で使い回せる方法であればどれでもよいのですが，**私がおすすめする形式は MP４です**。MP４形式のファイルは，サイズを小さくできることと，またCD 並の音質で録音できることです。音読を録音して配布したり提出したりするのには十分な音質で，数が増えても容量を節約できるメリットがあります。

iPad や iPhone に標準でインストールされている「ボイスメモ」を使うと，ファイル名の末尾が「.m４a」という形式のファイルで保存されます。MP４への変換もできますので，ぜひ調べてみてください。

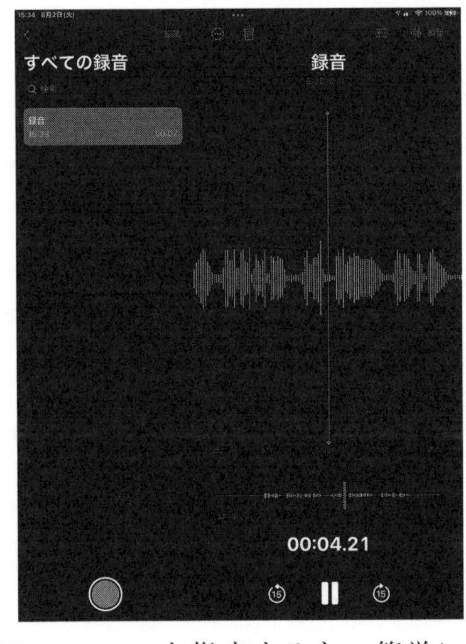

操作も極めてシンプルなもので，操作は画面下部に「録音」,「再生」,「一時停止」のボタンがピクトグラムで表示されるので一目瞭然です。

右下図のような共有ボタンが iOS では多くのアプリについています。他のアプリにファイルを送ることができます。「共有ボタン」から Google Classroom を指定すると，簡単に Classroom を使って配布できます。

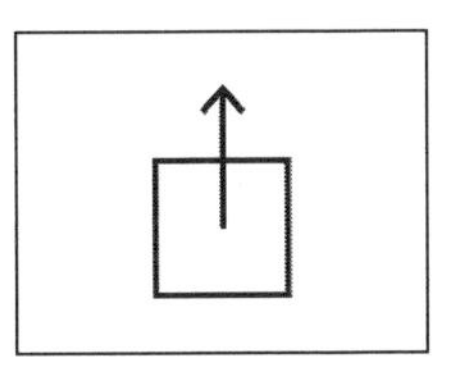

［まずはここから］

スキル04 板書バージョンアップ①
アナログ電子黒板

活用ツール：プロジェクタ

Point1 板書（投影）したい教材の準備
Point2 短焦点プロジェクタで投影する
Point3 投影した内容にホワイトボードマーカーで書き込む

新しい文法項目を指導するときには，複数の例文を黒板に板書するというのはよくあることではないでしょうか。教科書本文について何か説明をするために，教科書の一部分を黒板に書き抜くということもあると思います。このようなときに，まずはじめの一歩としてお試しいただきたいのが，**ホワイトボードに投影した教材にマーカーで書き込むことです。**

Point1 板書（投影）したい教材の準備

「スキル01」で紹介した方法で，板書したい例文や英文などをPDFファイルで準備します。電子教科書，あるいは教科書QRコードから表示される本文，タブレットについているカメラで直接教科書ページを撮影しても構いません。**生徒たちに説明したいページを１画面に収まるようにして準備すること**がポイントです。

Point2 短焦点プロジェクタで投影する

通常，教室の黒板の上下が一杯になるほどに投影できるプロジェクタを使うと，プロジェクタを教室の中央付近まで下げなければなりません。しかし，短焦点プロジェクタであれば，ホワイトボードから１m程度離すだけで同じ大きさで投影が可能です。教卓の横に専用のテーブルを用意すると使いやすいです。電子黒板１台分の購入費用で，短焦点プロジェクタは６～10台程度購入ができます。

Point3 投影した内容にホワイトボードマーカーで書き込む

電子黒板であれば電子ペンで書き込むところですが，その代わりにホワイトボードマーカーで書き込みます。投影した英文に下線を引いたり，囲みをつけて他の部分に矢印を引いたりします。電子黒板との一番の相違点は，電子黒板であれば，画面を上下左右に動かしたときに，最初に投影した内容と後から電子ペンで書き込んだ内容が一緒にスクロール（移動）しますが，ホワイトボードマーカーの場合は一緒にスクロールしません。

一見不便であるように思うかもしれませんが，Point１でも触れたように，１画面に収まるように投影する内容をつくると，画面をスクロールさせる必要がなくなるので使い勝手が向上します。

この方法の最大の利点は，板書時間の圧倒的な短縮です。**教材を投影した次の瞬間から本題に入ることができます。**

[まずはここから]

スキル 05 電子教科書（的）活用のススメ

活用ツール：教科書 QR コード

Point1 本文のモデル音声とテクスト
Point2 新出語句のチェック機能とモデル音声

現在発行されている教科書の各ページには QR コードがプリントされており，これをタブレットなどで読み取ると音声などの教材が得られます。内容的には電子教科書に近く，直接書き込めないことや練習問題の解答が表示できないなどの違いはありますが，これでも十分と感じられる先生方も多いと考えます。

Point1 本文のモデル音声とテクスト

筆者の学校で採用している教科書は，『BLUE SKY English Course』（新興出版社啓林館）です。この教科書内にある QR コードから得られる追加コンテンツの１つが，本文のモデル音声とテクストです。

個別に音声を聞かせたい場合は，これまでは別途音声 CD を生徒たちに購入させていましたが，その必要がなくなりました。また最近は，CD プレーヤーがない家庭も多く，配信によって音声が提供されることはありがたいことです。

紙の教科書と同様に本文テクストを表示することもでき，これがあれば紙の教科書なしで学習を行うことも可能です。また文字のサイズを大きくしたり小さくしたりすることもでき，視力の弱い人にとっても親切な設計になっています。

Point2 新出語句のチェック機能とモデル音声

新出語句のモデル音声も，本文の音声と併せて収録されています。また英単語の近くに日本語で意味が用意されていますが，付箋紙のようなもので隠されており，タップまたはクリックすることで日本語が出現するようになっているので，単語を個人で学習するのにも利用できます。

どのような機能が備わっているのかは教科書ごとに異なりますが，**紙の教科書についている QR コードから呼び出せる機能だけでも，かなり使い道があることがご理解いただけると思います。**

[まずはここから]

スキル 06 使用するアプリの使い方は生徒とリハーサルを

活用ツール：アプリケーション全般

Point1 必要なアプリを確認する
Point2 管理者の先生にアプリの配信を依頼

はじめて使うアプリや機能がある場合は，事前に教師や生徒たちの端末で，どのように表示され，操作すべきかを事前に確認しましょう。

また，**生徒たちにその活動をはじめてさせるときは，一連の操作手順を体験させておくことが大切**です。教材研究の一環と捉えて事前に行っておきます。

Point1 必要なアプリを確認する

Google Classroom では，ドキュメントやスライド，フォームのように，Google Workspace が標準で提供しているアプリであれば，使い方を確認するだけで簡単に利用ができます。

しかし，活動によっては，それだけでは実現できないことがあります。必要に応じて，追加でインストールすべきアプリを確認しておくとよいでしょう。管理職やケースによっては自治体の担当者に確認が必要なこともあるので，経路を事前に理解しておくとスムーズです。

■アプリの確認・ダウンロード先

iPad（iOS）	App Store
Chromebook	Google Play ストア
Android タブレット	
Windows タブレット	Microsoft Store など

使用しようとしているアプリについては次の点を確認します。

・無料か有料か
・使用条件
・無料の場合，広告がどのように表示されるか

また一部の学習支援クラウドでは，扱えるファイル形式に制限があるものもあります。そのアプリが，使用している学習支援クラウドで扱えるファイル形式でデータを作成できるか確認する必要もあります。

Point2 管理者の先生にアプリの配信を依頼

別途アプリが必要な場合は，端末を管理している管理者にアプリの配信を依頼する必要があります。学校で生徒たちに提供している端末はMDM（Mobile Device Management）と呼ばれるシステムで管理されています。アプリのインストールは管理者が遠隔操作でのみ可能な場合がほとんどです。また学校によって，アプリのインストールには手続きが必要な場合があります。管理者に確認をしましょう。

［一人一人のスピードに応じた指導］

スキル 07 LL 教室風・音読練習

活用ツール：Web ブラウザ，イヤホン

Point1 内容理解ができていることを前提に
Point2 イヤホンを必ず使用する
Point3 個人練習ができる時間の提示と事後のチェックを

30年前の学校にはLL（Language Laboratory）教室があり，リスニング（当時はヒアリングと呼ばれていました）の個人学習が可能でした。ここでは，LL 教室の机ごとに設置されていたテープレコーダーの役割をタブレットなどにさせようというものです。

Point1 内容理解ができていることを前提に

音読を行う段階の前提として，音読する英語の内容を生徒たちが理解している必要があります。これは，意味をわからずにする音読にはほとんど意味がないからです。ファストラーナーならば，初見であっても意味を理解しながら音読できます。一方で，スローラーナーとなると，この活動を行う前に，内容理解をする活動を入れる必要があります。

Point2 イヤホンを必ず使用する

イヤホンまたはヘッドセットを必ず使用します。教室で行うと，クラス全員が声を発します。そのときイヤホンがないと，端末から流れるモデル音声だけでなく友人の声までが聞こえてしまい，音読がしにくくなります。生徒たちが集中してモデル音声だけを聞けるように，ぜひイヤホンを準備しましょう。

Point3 個人練習ができる時間の提示と事後のチェックを

タブレットなどを使って音読練習を個人で行うスタイルの利点は，生徒たちが，**必要に応じて練習したい部分を，モデル音声を聞きながら繰り返し練習できるところ**です。したがって，生徒たち一人ひとりが満足するまでの時間には個人差があります。生徒たちの能力を把握し，時間設定をすることが必要です。生徒たちが制限時間を把握することは，効果的な練習を行う上で必要な要素です。音読練習に限らず，**制限時間を設定する際には生徒たちが経過時間を把握できるように，タイマーアプリなどをホワイトボードなどに投影する**ようにしましょう。

また，この練習を行った後には，生徒たちがどのくらい上達したかを確認できる活動を組み合わせましょう。ペアでロールプレイをさせたり，個別の音読テストを行ったりなど，生徒たちに別のゴールを達成させるための途中に行う活動として設定するとよいでしょう。

スキル08 LL教室風・シャドウイング

活用ツール：Webブラウザ，イヤホン

Point1 「聞けるものは話せる」「話せるものは聞ける」
Point2 必ずルールを説明する
Point3 音読練習の最終段階に

シャドウイングは，リスニング向上や発音の質を向上させる上で必須の練習方法です。しかし，シャドウイングこそ，個人ごとに集中して練習を行いたい活動であり，1つの音源を使ってクラス全体で練習というスタイルではやり辛いものです。

Point1 「聞けるものは話せる」「話せるものは聞ける」

シャドウイングがリスニング対策で重宝される理由は，「聞けるものは話せる」，「話せるものは聞ける」という理屈があるからです。普通の音読練習を行うと，生徒たちはうまく音読できなかった部分を言い直すことがよくあります。また，自分流の発音やイントネーションになってしまい，「話せるものは聞ける」という部分に結びつきにくくなります。**聞こえた通りのスピードやリズムで，聞こえた通りの音を口から出すことが重要です。**

Point2 必ずルールを説明する

Point 1でも触れたように，シャドウイングには通常の音読とは異なる部分があります。シャドウイングを行う上で生徒たちに徹底したい部分をまとめます。

① モデル音声よりわずかに遅れて声に出す。 ② 聞こえた通りの音を口から出すように心がける。 ③ 言い間違えたり聞き漏らしたりした部分は諦め，今聞こえている部分に集中する。 ④ 難しい部分は，その場で巻き戻して何度でも練習する。 ⑤ どうしてもできない部分は，最初は教科書を見ながら行う。 ⑥ 必ずイヤホンを使用する。

Point3 音読練習の最終段階に

ファストラーナーであれば，初見の英語をシャドウイングさせても問題ないかもしれませんが，慣れていない学習者やスローラーナーにとってはかなり難しい活動となります。シャドウイングを行うまでに様々な音読のステップを踏んでから行うとよいでしょう。

シャドウイングをしっかり行った後にテクストを見ながらの音読をさせると，初期の段階と比べてかなり上達した音読ができるようになります。音読の完成段階の直前の活動として行うことをおすすめします。

[一人一人のスピードに応じた指導]

スキル 09 音声入力で音読チェック

活用ツール：Google ドキュメントなど，iOS 音声入力機能

Point1 音声入力機能を利用
Point2 音声入力機能は意外なものに
Point3 英語キーボードをインストール—iPad を例に

有料のアプリの中には，音読など発声したものを評価するものがあります。予算が許せばそういったアプリを利用して音読の評価を行うのも１つの方法ですが，簡易的なものであればGoogle アシスタントやSiri を利用して同様のことが可能です。

Point1 音声入力機能を利用

今回は，標準的に端末に備わっている音声認識機能を利用し，**文字に変換された自分の音読を，生徒たちが自分で読むことによってうまく読めているかどうかを自己判定**します。生徒たちは，アプリによって自分の音読が文字に変換されていく様子がとても面白いので，夢中になって取り組みます。また，うまく認識されなければ，認識されるように必死で上手に発音しようとします。

Point2 音声入力機能は意外なものに

iOS であれば，Google ドキュメントやメモアプリのような，文字が入力

できるアプリと標準のキーボードを組みわせることで音声入力が利用可能です。

Windowsでは Googleドキュメントを利用することで，Androidや Chromebookでは Gboardと Googleドキュメントなどの文字が入力できるアプリがあれば可能です。いずれのアプリも標準でインストールされているか，追加で入れるのも容易なアプリです。

Point3 英語キーボードをインストール―iPadを例に

ここではiPadとGoogleドキュメントを利用する場合を説明します。

日本語環境に設定されたiPadには，キーボードとして「日本語-ローマ字入力」のみがインストールされています。この状態では日本語での音声入力しかできません。「新しいキーボードを追加…」より「英語（日本)」を追加します。

Googleドキュメントを起動し，キーボード上の地球儀ボタンをタップし，「English（Japan)」に切り替えます。この状態でマイクボタンをタップすると音声認識が始まります。

この音声認識には知っておくべき傾向があります。それは，特に人名の変換に弱いところです。そのため，教科書の登場人物の変換がうまくいかない場合が多いです。また，改行や句読記号については，その都度，キーボードからの入力が必要です。

[一人一人のスピードに応じた指導]

スキル 10 LL教室風・単元学習後のディクテーション

活用ツール：Web ブラウザ，イヤホン

Point1 ディクテーションは総合力
Point2 聞き取れなかったところを繰り返し集中的に
Point3 書き取った英文を一斉音読でチェック

前述の音読練習，シャドウイングと同じコンセプトの活動です。これまでディクテーションは，材料となる英語をラジカセなどで流したり，教師が音読をしたものを書き取らせたりする方式だったと思いますが，ICT を活用することで，**生徒たち一人一人が自分の聞きたいところを好きなだけ聞き直して書く**ことができます。

Point1 ディクテーションは総合力

ディクテーションは聞こえた英語をただ書き写す活動ではありません。耳から入った英語を分析し，「こういう意味になるはずだ」「こういう文法が使われているはずだ」などといった予想を立て，脱落したり聞き漏らしたりした音があったとしても，読解力や語彙力，文法力で補いつつ英文を完成させる活動です。つまり，英語を使うためのあらゆる力を総動員しなければならない活動です。単元学習後のまとめの学習として有効です。

Point2 聞き取れなかったところを繰り返し集中的に

音読やシャドウイングの場合と同様に，生徒たちにできない部分を集中的に何度でも聞き取らせます。また，集中して行えるように，必ずイヤホンをつけて作業をさせます。**他の友人が再生する音声が聞こえてしまうと，集中してやり辛くなります**。聞き取りに苦慮している生徒には，文脈や文法をヒントにしたり，苦慮している部分をシャドウイングさせたりします。先に終わった生徒には，教科書を見ながら英語が書けているかチェックさせます。

Point3 書き取った英文を一斉音読でチェック

Point 2の活動で終わってしまうと，チェックの場面がなくなり「やらせっ放し」の状態になってしまいます。一斉音読は厳密なチェックにはなりませんが，クラス一斉とは言え，書き取った英文を発表することになるので，生徒たち一人一人にとっては緊張感をもたせられる活動になります。また，ディクテーションは個別の作業だったのに対して，一斉音読をすることでクラス全体の活動に戻すことができます。

プラスα

Siri，Google アシスタントなどは実行型の AI と呼ばれ，マイクで集めた音声を文字データに変換したものを言葉として認識しています。AI は文脈や文法を分析し，それに合わせて品詞や語義を分析します。これは人間で言えばディクテーションをしているのと同じです。AI はディクテーションの精度を上げるために大量の英文データベースを活用しますが，人間の場合も少し似ています。単元ごとのディクテーションということでは，それまでに，語彙や文法，内容などについてどれだけ多く学習を行ったかということがディクテーションの精度に影響してきます。

[一人一人のスピードに応じた指導]

スキル 11 Googleフォームを使って内容理解

活用ツール：Googleフォーム

Point1 Q&Aを設定する
Point2 作業時間の設定と進捗状況の確認

Googleフォームにはテストを行う機能があり，Classroomと連携させて使うと，スコア管理も併せて行うことができます。ここでは，生徒が教科書を読みながらフォームで設定した内容理解についての簡単なQ&Aを解き，答え合わせと集計を行う方法について述べていきます。

Point1 Q&Aを設定する

教科書の中には，フォームでそのまま使用できるQ&Aが準備されているものもあります。また，教科書には簡単なcomprehensionが用意されており，これでもよいです。また，自分でQ&Aをつくる場合もあるでしょう。フォームで扱うことのできる発問のスタイルは右図の通りです。

記述式
段落
ラジオボタン
チェックボックス
プルダウン

問題が選択式であれば，「ラジオボタン」・「プルダウン」で，単語や文を答えさせるのであれば「記述式」で作成します。

Point2 作業時間の設定と進捗状況の確認

読む英語は教科書またはハンドアウトで，Q＆Aを解く作業はタブレットで行わせます。電子教科書の場合は分ける必要がない場合もあるかもしれません。避けたいのは，タブレット上で表示を本文とQ＆Aとで切り替えて使うことです。**本文とQ＆Aが同時に見られる環境を用意したいところです。**

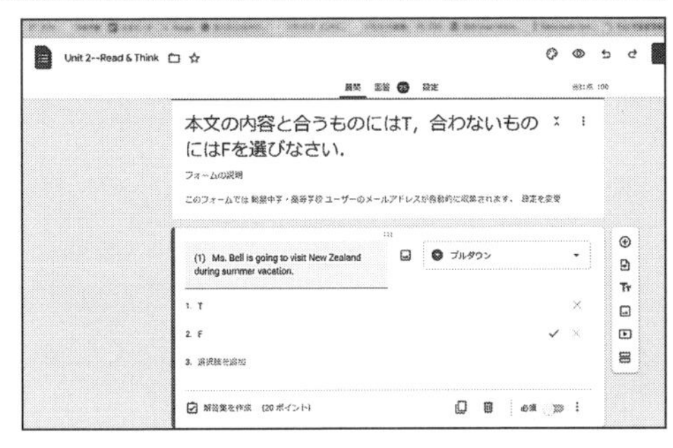

また，作業時間を設定し，生徒たちに残り時間がわかるようにしましょう。フォームでQ＆Aを作成する際に，配点と正解を設定し，自動で採点されるようにします。

フォームの集計画面を確認し，解答を完了した人数や，誤答分析を確認して事後にクラスにフィードバックを行いましょう。

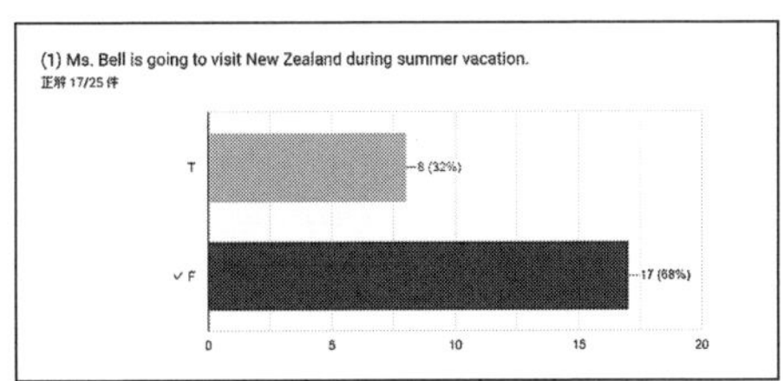

プラスα

フォームでは，英作文を採点する際に，曖昧でICTでは採点し切れないときは教師が手動で部分点を与えたり，ICTが誤答としたものでも正解に改めたりできます。せっかくICTで時間と労力を節約しても，むしろ手間がかかってしまう場合があります。英作文をさせる場合には行いたい作業ですが，場合を考えて活用するとよいでしょう。

［個別・家庭学習］

スキル 12 音読テストを宿題で，添削は空き時間に

活用ツール：Classroom，MP 3 録音アプリ

Point1 教科書には音声が「入っている」
Point2 録音は必ず自宅で
Point3 ルーブリックとコメントでフィードバック

音読テストなどで，生徒全員の音読を教師が一人ずつチェックすることがあります。こういった場合，授業１コマ分を使ってしまうこともしばしばです。そこで，音読テストを家庭学習で行い，そのチェックを授業以外の時間で行えるとしたら，効果・効率ともに大きくアップするのではないでしょうか。

Point1 教科書には音声が「入っている」

現在の検定教科書にはQR コードが印刷されています。これを読み取ると，そのパートの新出語や本文のテクストとともに音声を聞くことができますので，手軽にモデル音声を聞きながら音読練習が可能です。音読テストを行う段階は音読指導を行った後ですから，復習の活動となります。生徒が**教室でできた音読を，家に帰って生徒一人でも再現できるか試してみることは，技能を定着させる上で重要**です。得意な生徒に対しては「録音前の練習では，モデル音声を聞いて，聞こえた通りに発音しよう」と指示することでさらなる上達を促したり，苦手な生徒に対しては「録音する前に，発音を間違えたり詰まったりしないようになるまで練習しよう」と指示したりします。

Point2 録音は必ず自宅で

録音は必ず自宅でさせます。この指示をしないと，教室などのノイズがある場所で録音をする子も出てきます。当然，音読が聞き取りにくくなります。また，子どもも自宅以外では，落ち着いて取り組みにくいようです。

人前でもネイティブスピーカーのように発音しようと積極的に挑戦できる生徒はよいのですが，人目があると意図的に下手な発音で音読をしてしまう生徒もいます。しかし，そんな生徒でも，自宅で録音すると，思い切って発音でき，教師が聞くと驚くほど上手に音読できていることもあります。また，従来の音読テストでは，教師の前での限られたチャンスでのパフォーマンスとなります。もちろんこれにも価値がありますが，録音して提出ということになると，期限までであれば，気が済むまで何度でも録音し直すことができます。結果的に生徒にしっかりと音読練習をさせることができます。

Point3 ルーブリックとコメントでフィードバック

Google Classroom のルーブリック機能で生徒の「音読」を評価すると同時に，生徒一人ひとりにコメントを付けられます。上手な音読ができた生徒に対しては，忘れずにしっかりと褒めます。内容によっては，授業でクラス全体にフィードバックを行います。生徒が何度でも録音をし直せるのと同様に，教師も必要に応じて何度でも生徒の録音を聞き直すことができます。

プラスα

たとえば Google Workspace for Education には様々なアプリが準備されていますが，別のアプリを Play ストアや App Store からインストールして，様々な形式で課題を提出することもできます。アプリには無料・有料のもの，また無料でも使用条件があるので事前によく確認することが必要です。

[個別・家庭学習]

スキル 13 フラッシュカードで新出語を事前学習

活用ツール：PowerPoint, Word, Classroom

Point1 PowerPoint でフラッシュカードづくり
Point2 事前学習した内容が生きる授業を

新出語の指導でフラッシュカードを使い，発音と意味の確認をする活動を授業ではなく，事前に家庭で行わせます。フラッシュカードをパワーポイントで作成し，教師の声を吹き込み MP 4 の動画として出力します。この動画を Classroom で配信し，生徒たちには授業の予習として取り組ませます。

Point1 PowerPoint でフラッシュカードづくり

まずはフラッシュカードを PowerPoint（以下 PPT と表記）で作成します。PPT でのフラッシュカード作成には手早くつくるための裏技があります。今回は，英語を２回 + 日本語を１回表示する形式で作成します。表示は一瞬（flash）で表示させたいので，アニメーション機能を使って一瞬だけ表示させる仕様にします。今回は１・２ページ目で “name” と表示し，３ページ目で「名前」と表示させる動画の作成例を示します。

① Microsoft Word（以下 Word と表記）で１行目と２行目に “name” と，３行目に「名前」とタイプし，任意のファイル名で保存します。

② PPT を起動し，[新しいプレゼンテーション] でファイルを新規作成し，ウインドウ上部のリボンにある [新しいスライド] ボタンの下半分にある下向き矢印をクリックします。[アウトラインからスライド] を選びます。

③　①で作成した Word ファイルを開きます。

④　［表示］－［スライドマスタ］と選びます。単語は１番上の枠に入っているので，フォントのサイズを大きくしたり，枠の位置を変更したりします。

⑤　④の枠を選択し，［アニメーション］－［アニメーションの追加］－［開始］－［フェード］と選びます。更に［アニメーションの追加］－［終了］－［フェード］と選択します。

⑥　［アニメーションウインドウ］をクリックすると，ウインドウ右側にアニメーションの一覧が表示されます。

⑦　⑤で設定した２つのアニメーションがリストで表示されますので，それぞれの表示の上で右クリックをし，動作のタイミングを［直前の動作の後］を選びます。

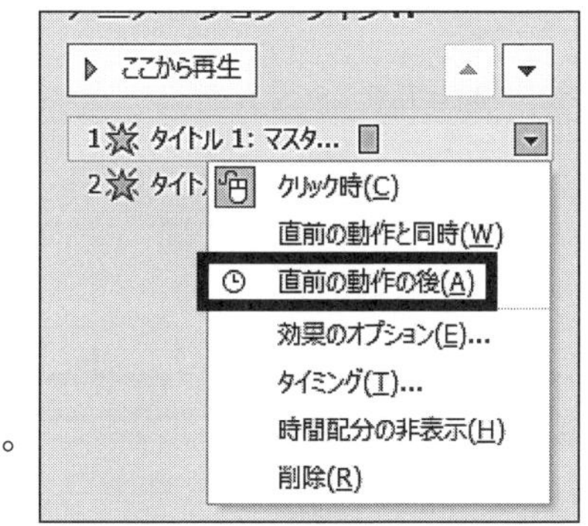

⑧　［スライドマスタ］－［マスター表示を閉じる］と選び，元の画面に戻ります。

作成した PPT は教室での対面授業でもそのまま使うことができます。今回はこのファイルに音声を吹き込み，MP４動画ファイルとして出力します。PPT から動画を作成する具体的な方法については，「スキル28」を参照してください。

Point2　事前学習した内容が生きる授業を

この後の授業では，**事前学習の内容が生きるような展開**としなければなりません。たとえば単語を使ったビンゴゲームや内容理解に入っていくなどです。やってこなかった子のためにもう一度意味や発音を確認してしまうと，まじめにやってきた生徒に「別にやって来なくてもよかったんだ」と思わせてしまいます。また，それでは時間を節約したことにもなりません。

［個別・家庭学習］

スキル 14

課題作文の添削①
ノートをカメラで撮影

活用ツール：Classroom，Apple Pencil

Point1 書いたノートを撮影して提出
Point2 添削は iPad と Apple Pencil で

生徒たちにノートやワークシートに作文を書かせて提出させ，添削を行うことが多いと思います。

これまでは，添削の間，そのノートやワークシートは教師の手元に置かれることになります。教室で一人ずつ見るとなると時間も必要です。しかしオンラインで添削を行うと，生徒たちがどこにいたとしても，添削が済んだ段階で返却できます。

Point1 書いたノートを撮影して提出

ここで紹介する方法は，提出と添削のみをデジタル化する方法です。

iPad などのタブレットやスマートフォンなどにはカメラが搭載されています。タブレットやスマートフォンで Classroom にファイルを提出しようとするとき，カメラでドキュメントを撮影して提出するモードを選べます。

自分の影が映りこんだり，書いた英語が途中で切れたりしてしまわないように注意しておけば，**生徒たちの側からすると特に特別な技術がなくてもできる方法です。**

Point2 添削は iPad と Apple Pencil で

添削という観点で見たとき，Classroom と iPad + Apple Pencil の組み合わせは非常に便利です。Apple Pencil は互換品でも全く問題ありません。デジタルの活動ではありますが，まさに紙に鉛筆やペンで書いているのと同じ感覚です。

Chromebook にも電子ペンがあり，同様に行うことができますが，ここでは iOS を使った場合で説明します。

必ずアプリ版の Classroom を iPad で開き，生徒たちが提出した，ノートを撮影した写真に Apple Pencil で直接書き込みます。Safari などの Web ブラウザ経由で Classroom を開いたときにはこの機能は使えないので注意が必要です。

見た目には，ノートに赤ペンで添削しているようにしか見えません。コメントは写真に手書きで書くこともできますし，Classroom の「限定コメント」でタイプすることも可能です。

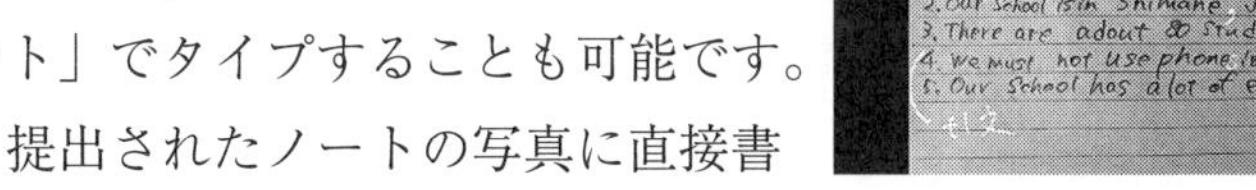

提出されたノートの写真に直接書き込むと，従来のようにノートに直接書き込んだようなスタイルでコメントを書き込めますが，返却後，子どもたちは教師が添削したファイルを開くまでコメントを見ることができません。

限定コメントの場合，コメントは必ずキーボードからのタイプによる方法のみになりますが，ファイルを開く前に子どもたちはコメントを読めます。

[個別・家庭学習]

スキル 15 課題作文の添削② Apple Pencil で手書き

活用ツール：Classroom, Apple Pencil

Point1 生徒が記入するシートを PDF ファイルで作成
Point2 iPad なら紙の感覚で

スキル14で紹介した方法のうち，生徒がノートやワークシートに書いてカメラで撮影していた部分をデジタル化した方法です。生徒も英作文を Apple Pencil で書きます。

この方法では，**生徒たちも教師も手書きですが，作業のすべてがオンラインで完結します。**

Point1 生徒が記入するシートを PDF ファイルで作成

Word などを用いて，教室で配布する紙のワークシートと同じものを作成し PDF ファイルで出力します。

Classroom で該当クラスを開き，［授業］-［課題］とクリックし，［添付］より，先程の PDF ファイルが存在する場所に合わせて［ドライブ］または［アップロード］と選び，ファイルを選択します。

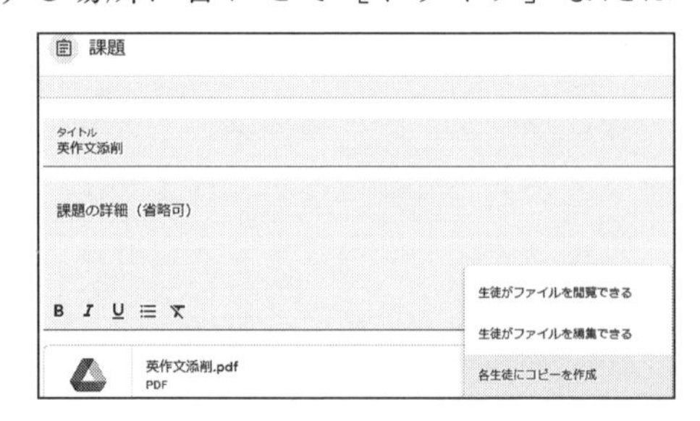

「生徒がファイルを閲覧できる」と書かれている部分をクリックし，「各生徒にコピーを作成」を選択します。これで［割り当て］をクリッ

クすると PDF ファイルのシートが生徒たちに紙のシートを配るように配布されます。

Point2 iPad なら紙の感覚で

iPad や Chromebook のタブレットタイプの端末であれば，机の上に紙のようにおいて書くことができます。教科書や辞書を並べて置いても邪魔になりません。

ノートパソコンタイプの端末は机上では置くための広いスペースが必要となり，また液晶パネルを立てて使うことになりますので，やや書きづらくなります。

ノートパソコンタイプの端末は「スキル16」で紹介するような，キーボードでタイプして入力する方法がよいかもしれません。

[個別・家庭学習]

スキル16 課題作文の添削③ Google ドキュメントを使って

活用ツール：Classroom，ドキュメント

Point1 配信する記入用シートは Google ドキュメントで作成
Point2 添削はパソコンがおすすめ

スキル14，15ではノートや端末に手書きで英作文を書きましたが，今回はキーボードでタイプする方法です。

キーボード付きの端末や iPad などのタブレットでもキーボードを使う場合はこの方法で英作文を書きます。**タイプすることに慣れている生徒にとっては手書きよりも早い**かもしれません。

Point1 配信する記入用シートは Google ドキュメントで作成

Google Classroom は，同じ Google Workspace で提供されているアプリとの親和性が非常に優れています。Google ドキュメントは，見た目にも似ている Word と同様に，文書（ドキュメント）を作成することに特化したアプリです。

Classroom からも簡単に呼び出すことができます。

［授業］画面に移動し，［作成］－［課題］を選択します。［添付］－［作成］－［ドキュメント］と選びます。

Google ドキュメントが開きますので，入力用のシートを作成します。作成ができたら Google ドキュメントを閉じ，「割り当て」を行います。

生徒たちにも Google ドキュメントで英作文を完成させ，Classroom 上で

提出させます。

Point2 添削はパソコンがおすすめ

Google ドキュメント上で添削を行う場合にはパソコンがおすすめです。

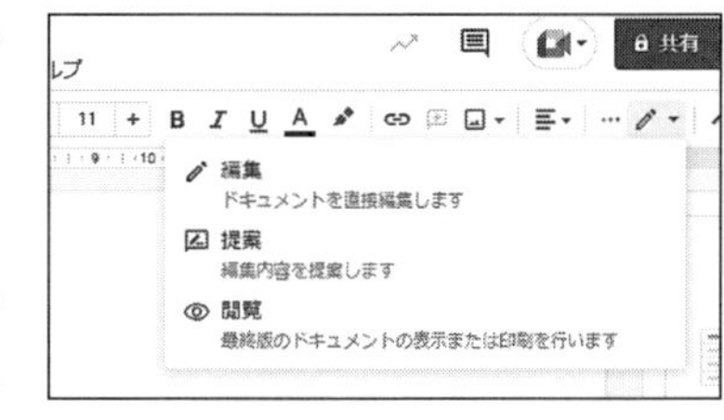

Classroom から課題として配信した Google ドキュメントのファイルは，編集内容を提案するモードに初期設定されています。

訂正をしたい部分を選択し，削除するだけなら［Back Space］キーや［Delete］キーを押すと，取り消し線が付きます。選択した状態で文字をタイプすると，その箇所に訂正したい文字が緑色で挿入され，元の文字には取り消し線が付きます。

部分的な訂正ではなく，作文全体についてのコメントを追加することも可能です。

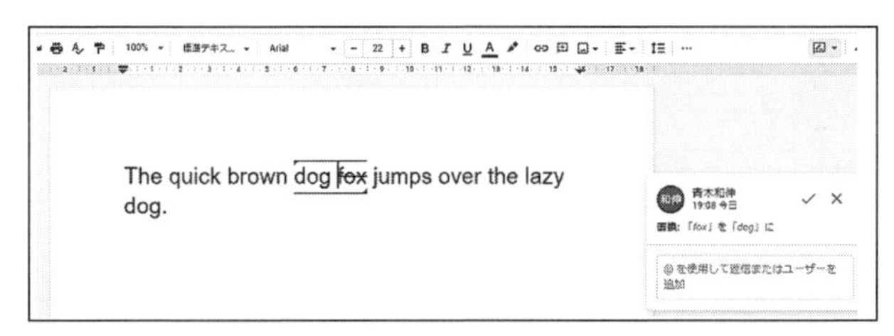

この添削のスタイルは，慣れていないと最初は，子どもたちも教員も戸惑うかもしれません。本文への添削は，訂正すべき内容にとどめます。訂正箇所にコメントや指示を出したい場合は，画面の右側に表示されているコメント欄にコメントや指示内容を入力します。

[個別・家庭学習]

スキル 17 YouTuberになったつもりで文法解説動画を作成

活用ツール：Classroom, PowerPoint

Point1 動画は最大20分程度で作業のできる形を
Point2 一時停止・巻き戻し・繰り返しもあり
Point3 視聴後に理解を確認する作業を
Point4 わからなかったときに再び視聴できる

新型コロナウイルスの感染拡大によってオンライン授業は一般的なものとなりつつあります。

ここではZoomやGoogle Meetを使ってのリアルタイムの対面授業ではなく，Microsoft PowerPointを使って授業動画をつくり配信する方法を紹介します。また生徒たちが動画を見っ放しにならないようにするための工夫についても触れます。

Point1 動画は最大20分程度で作業のできる形を

作成する動画の時間は20分程度を目安にします。

動画の場合，情報の流れが教師から生徒たちへ一方通行になるという特徴があります。**途中にパターンプラクティスなど，生徒たちが声を発したり練習問題を解いたりする時間を設定**し，生徒たちが作業をする時間を設定しましょう。

必要に応じてワークシートを作成するのもよいでしょう。

Point2 一時停止・巻き戻し・繰り返しもあり

動画のメリットは見る生徒たちが好きなタイミングで一時停止，巻き戻し，繰り返しが可能なことです。

動画の中で，教師が生徒たちに作業をさせるために一時停止を促すのもよいでしょう。たとえば，教師が生徒たちに練習問題を提示し，生徒たちが解き終わるまでは動画を一時停止させ，その後再生をさせて，答え合わせの動画を流すのもよいでしょう。

Point3 視聴後に理解を確認する作業を

動画の視聴後に，理解度を確認する活動を行います。これは，生徒たちが動画を視聴し，内容を理解できたか，あるいは何が理解できなかったかを把握させる上で必要です。

また，生徒たちが動画を漫然と見てしまわないための対策でもあります。動画視聴後の授業までに例文をつくる課題を出したり，理解度を図る確認問題を出題したりするのもよいでしょう。

Point4 わからなかったときに再び視聴できる

しばらく経って，その文法の用法を生徒たちが忘れてしまった場合でも，後で見返すことができます。文法の動画であれば，学習指導要領や教科書が変わっても使いまわすことが可能です。

［個別・家庭学習］

スキル 18 Google Classroom を使って自習を遠隔授業に

活用ツール：Classroom，PowerPoint

Point1 次の授業につながる内容を
Point2 同じ時間と空間にいなくても成立する授業

自習はある意味「遠隔授業」と同じです。異なっているのは教師だけがリモートになっているということです。

ここまで紹介した方法を組み合わせると，限界はもちろんありますが，自習でも ICT の活用で効果的な授業を行うことができます。

Point1 次の授業につながる内容を

生徒たちが取り組むタスクは，その時間限りの単発的なものではなく，次の授業につながる内容にすべきです。

単発的なものをタスクとして課すと，その課題をやらなかったからと言って次の授業以降には支障が出ないと思わせてしまうかもしれません。たとえば，単元のまとめとしてプレゼンテーションを行う予定があれば，そのスクリプトやスライドを作成する時間に当て，その時間の成果が活きる形にします。

生徒たちにとっても，**取り組むことに意味を見出せることが学びへの動機づけとなります。**

Point2 同じ時間と空間にいなくても成立する授業

授業は教師と生徒たちが同じ教室にいて成立するものとは限らないということは，ここまでで述べてきたとおりです。

もちろん同じ空間にいなければできない学びがあることも間違いありません。しかし，ICTの得意技は時間と労力の節約です。むしろ授業の時間外でできた方が，都合がよい場合もあります。

たとえば，音読の練習や課題作文の下書き作業など，教師が生徒たちについている必要性の低い作業については，これまでも宿題という形で家庭学習に回すことができました。

ICTを活用することで，「スキル17」で紹介したように，文法説明やそれを使った簡単なドリル練習などは，学習動画を作成することである程度は行うことが可能になりました。

これはICTの学校への導入が始まった初期の頃に話題になった「反転授業」の発想です。

反転授業の考え方は，これまでの授業が「授業（＝インプット）」→「宿題（＝復習）」というスタイルだったのに対して，**「宿題（＝予習）」→「授業（＝アウトプット）」という構成で成り立っています**。これはつまり，授業をアウトプット主体に考えているということです。

予習のための動画を毎時間つくることを苦に思われない先生もまれにいらっしゃいますが，ただ，これはやはり大変なことであるのは間違いないでしょう。

ですから，必要なときだけに動画をつくる，というだけでも，教師は自分の不在を自分自身で補うことができます。

［個別・家庭学習］

スキル 19 Google フォームで宿題確認テスト

活用ツール：Classroom，Google フォーム

Point1 効率的で効果的な確認小テストに
Point2 テスト結果は Classroom で管理

テストが学習にもたらす利点は，生徒たちがテストのために復習を行ってくれる点にあります。

しかし，テストを準備し採点，結果を管理することは手間のかかる作業です。ICT を活用することによって，採点と成績管理を効率化することができます。

Point1 効率的で効果的な確認小テストに

小テストの設定は Google Classroom から行います。「授業」から「テスト付き課題」を作成します。テストのモードに設定されたフォームが添付されますので，この中に問題，模範解答，配点を設定します。

選択問題であれば採点は明確ですが，語句や文を解答させる問題となると曖昧さが発生します。たとえば通常の学習アプリであれば，不要なスペースが１マス入っただけでも不正解になってしまいます。しかしフォームでは，事後の作業にはなりますが，手作業によるアナログ採点を混ぜることによって曖昧さのある採点にも対応できます。

事前に教師が設定した正解が，

Does Aoi usually eat bread for breakfast?

であるとします。これに対して，生徒たちが次の（ア）～（ウ）のような解答をしたとします。

（ア） Does Aoi usually have bread for breakfast? ［eat の代わりに have と解答］
（イ） Does Aoi usually eat bread for breakfast？ ［クエスチョンマークが全角］
（ウ） Does Aoi usually eat bread for breakfast ? ［breakfast とクエスチョンマークの間にスペースが入っている］

これら（ア）～（ウ）は機械的な採点では，すべて誤答として処理されてしまいますが，手動で正解に変えることができます。一旦正解として処理をすると，他に同じように入力している生徒たちの解答も自動的に正解として処理されます。つまり，解答例が自動で追加されるのです。

Point2 テスト結果は Classroom で管理

フォームでのテストの結果は Classroom に取り込むことができます。該当の Classroom の「授業」を開き，「生徒の提出物」より「成績を読み込む」をクリックすると，テストの点数がフォームから Classroom に読み込まれます。

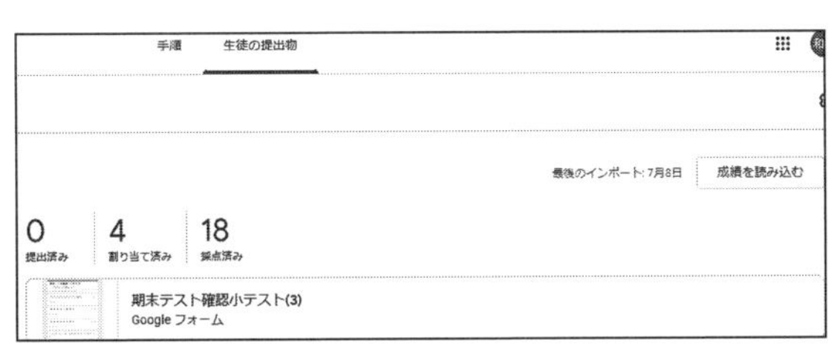

[協働学習・発表]

スキル 20 Google スプレッドシートで一斉に例文の作成・共有

活用ツール：スプレッドシート

Point1 Google スプレッドシートがおすすめ
Point2 お互いに影響し合いながら作業できる

生徒たちに英語で例文を作成させクラスで共有しようとすると，ノートに英文を書き，せいぜい数名のグループ内で交換して見るのがこれまでの限界でした。**もし1枚の大きな黒板にクラス全員が同時に書け，しかも生徒たちがリアルタイムでお互いにどんな文を書いているのかを見られたらどうでしょう**。ICT を使えば実際にこれが可能になります。

Point1 Google スプレッドシートがおすすめ

授業で使用するシートは，以下の点に注意してあらかじめ教師が準備をしておきます。

1．１～２列目に出席番号と氏名
2．シートをクラスのメンバーに対して，書き込みが可能な形で共有を設定
3．自分の欄以外に書き込みをしないように「約束する」

「３」については懸念される先生方も多いかもしれません。それぞれの生徒たちが書き込んだ内容はリアルタイムで全員の端末に反映されて面白いの

で，いたずらをしてしまう子もいます。真面目に取り組んでいる生徒にとっては非常に迷惑です。ルールを定め規律を守らせます。

スプレッドシートでの共同作業をしているときには，その人が書き込んでいる場所には名前付きのカーソルが表示されます。また，ファイルの所有者（この場合は教師）はパソコンからスプレッドシートを操作すれば，それぞれのユーザーがそれまでに書き込んだり消したりしたすべての内容を復元することができます。

Point2 お互いに影響し合いながら作業できる

英語が得意な生徒は英文を素早く完成させることができます。不得意な生徒は先に書いた友達の文を参考にして書くことができます。人と同じことを書きたくないと思う生徒は，オリジナリティが出るように友達が書いた文を見て，それとは違うように書こうとするでしょう。

また，作文が「終わっている」・「いない」の状態が全員にはっきりとわかるので，生徒たちが作文を完成させようとする動機づけにもなり得ます。

教師はそのシートをホワイトボードやスクリーンに投影しておきましょう。投影したものを使って指導すると，生徒たちの注目を教師が指導している内容に集中させることができます。

[協働学習・発表]

スキル21 Google Jamboard で文整序

活用ツール：Jamboard

Point1 見せ方を変えて生徒たちの動機づけを
Point2 活動を行う個人・グループの数だけ用意する
Point3 取り組みの様子はオンラインまたは机間巡視で

語順・統語の指導として文整序（並べ替え）問題を利用することがあります。これまでならカードに語句を印刷し，机の上にカードを並べて行っていたものです。**Jamboard を利用すると，同じことを手軽に行うことができます**。また，並べ替えた結果は保存しておくことができ，後からでも確認を行えます。

Point1 見せ方を変えて生徒たちの動機づけを

文整序であれば，参考書やテストのように，紙面に整序すべき語句をスラッシュやカンマで区切って並べておき，解答欄をつくればよいのではと思われた先生もいらっしゃるのではないでしょうか。確かに短時間でできる方法です。しかしこの方法は楽しい方法と言えるでしょうか。楽しさを感じる方法ならば，生徒たちは自ら学習活動に参加します。語句を記したカードを並べ替えるのも，練習問題としてプリントにして配るのも同じことをしていますが，面白いことに，**生徒たちは見せ方を少し変えるだけで，全く違う反応をします**。

Point2 活動を行う個人・グループの数だけ用意する

Google Jamboardとは共同での作業に適したデジタルホワイトボードです。共有を設定している人同士であれば，同時に編集が可能です。１つのホワイトボード（ファイル）について最大20ページ作成できます。

今回は，Jamboardに備わっている「付箋」を使います。１ページに１題ずつ設定し，必要に応じて，完成させたい英語の日本語訳をつけておきます。文全体ではなく，部分整序の場合は，整序すべき箇所の前後についても載せておきます。そして並べ替えさせたい語句を１枚の付箋に１語句ずつタイプし，ページにランダムに並べておきます。

原版を完成させたら，活動を行う個人・グループの数だけコピーをつくります。従来のように，グループの数と同じだけ印刷をしたり，カードを切って封筒に入れたりする必要はありません。

Point3 取り組みの様子はオンラインまたは机間巡視で

Jamboardですから，作業の様子は教師の端末からリアルタイムで確認できます。もちろん従来通りの机間巡視でも構いません。生徒たちに助言を与えたり，チェックしたりします。

［協働学習・発表］

スキル22 リーディングの内容理解をクラス一斉で解答

活用ツール：スプレッドシート

Point1 解答の様子をお互いに確認できる
Point2 見せ方を変える
Point3 内容の面白い解答は教師が取り上げる

授業中に発問の答えを生徒に答えさせるという場面があります。挙手をさせて指名でももちろんよいでしょう。しかしクラスの中の全員にその答えを発表させたいと思ったことはないでしょうか。Google スプレッドシートを使えば，テレビのクイズショーのように，クラスの全員が答えを発表することができます。

Point1 解答の様子をお互いに確認できる

やり方としては「スキル20　Google スプレッドシートで一斉に例文の作成・共有」と同様です。行ごとに生徒たちの解答欄が指定されており，生徒たちも解答の様子をお互いに確認できます。教師が発問し，教師の指示で解答を始めます。生徒たちは解答の内容だけでなく，クラスのどのくらいの友人が解答を終えているのか，自分が早いのか遅いのかといったことも把握できます。また，答えがわからない生徒は，すでに解答を終えた友人の解答を参考にすることもできます。

Point2 見せ方を変える

教科書の内容理解の授業は，教師が発問をし，生徒たちが挙手をして答えるというのがよく行われるスタイルですが，**このように少しやり方を変えるだけで，同じ学習が生徒たちからは全く違って見えます**。しかも，挙手をして発表した子だけでなく，全員が答えを発表できます。

Point3 内容の面白い解答は教師が取り上げる

生徒たちの解答は一覧になっていますので，正答か誤答かだけでなく，生徒たちの解答の傾向からフィードバックすることもできますし，興味深い解答については個別に取り上げて紹介することもできます。講義型の授業であっても，教師対一人の生徒ではなく，教室内の生徒たち同士の間で影響を与え合える環境を提供できます。

[協働学習・発表]

スキル 23 Google スライドや Jamboard でプレゼンテーション

活用ツール：スライド，Jamboard

Point1 1つのプレゼンファイルを共同で編集
Point2 Google スライドか Google Jamboard か

多くの生徒たちが小学校段階からすでに ICT 環境下でプレゼンテーションを体験しています。ですからそれ自体は珍しいことではありませんが，Google Workspace など校内で**共同作業が可能な環境下で行うと学習のスタイルが変わってきます**。

また Jamboard を利用すると，もっと手軽にプレゼンテーションを行えます。

Point1 1つのプレゼンファイルを共同で編集

グループで1つのテーマについてプレゼンテーションを行い，スライドのページごとにグループ内で分業して作成しようとするケースについて考えます。

その際，それぞれの端末で自分の担当ページを作成し，メンバーがそれぞれのファイルに保存した後に，それぞれのファイルを，まとめ役の人のところに集めて1つのプレゼンテーションファイルを作成するという手順ではなかったでしょうか。

あるいは，グループ内の誰か一人の人がまとめてファイルを作成するというスタイルだったのではないでしょうか。

Google Workspaceで利用しているGoogleドライブには，個人用とは別に共有ドライブがあります。授業で使用するファイルは，共有ドライブ上にその授業のための共有フォルダを作成し，教師がフォルダまたはファイルのオーナーとなり，生徒たちに対して共有を設定するのがよいでしょう。

Googleスライドでも Google Jamboardでも，アクセス権のある人が同時に自由に編集でき，それぞれの編集内容は，ファイルを開いているすべての人に対してリアルタイムで反映されます。

Point2 GoogleスライドかGoogle Jamboardか

Googleスライドは，Microsoft PowerPointと同様に，プレゼンテーションのためのスライドをつくるアプリです。

一方Google Jamboardは，デジタルホワイトボードで本来はプレゼンテーションのためのツールではありません。

Jamboardでプレゼンテーションを行うことのメリットは，手書きで簡単に文字や図を入れられるところです。写真や画像などはGoogleスライドと同様に取り込むことができます。

特に，Apple Pencilで書き込みながらプレゼンテーションを行うのであれば，Jamboardの方が有効です。

［協働学習・発表］

スキル 24 Jamboardを使って ジグソーリーディング

活用ツール：Jamboard

Point1 Jamboardを2種類用意
Point2 プレ活動では主にグループ分けに
Point3 エキスパート活動のグループごとにJamboardを用意
Point4 エキスパート活動のJamboardでプレゼンテーション

ジグソーリーディングは複数のパーツに分けられた文章を生徒たちが自らの力で読んで理解し，それぞれのパーツを持ち寄り再構成していく作業です。「プレ活動」「エキスパート活動」「ジグソー活動」のそれぞれでJamboardを活用し効率よく行う方法について触れます。

Point1 Jamboardを2種類用意

プレ活動用と，エキスパート活動・ジグソー活動用の２種類を準備します。プレ活動用のものは主にグループ分けのために，エキスパート・ジグソー活動用のものはエキスパート活動のグループごとに準備します。

Point2 プレ活動では主にグループ分けに

今回は，教科書に掲載されている４パラグラフで構成されている読みもの教材を段落ごとに分けて読ませます。

まず，Jamboardの付箋紙に生徒たちの名前をタイプし，ジグソー活動を

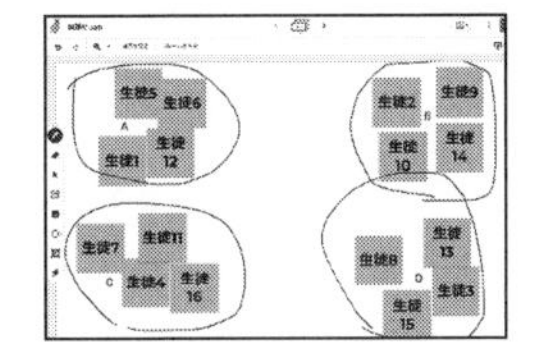

行うときの4人グループでまとめておきます。このときグループに所属する生徒たちの能力が偏らないように配慮します。

次に，グループ内でどの文章を担当するか決めさせます。4つの文章をそれぞれA，B，C，Dとします。グループの人数が5人以上になってしまう場合は，1つのパートを2人で担当させてもよいでしょう。Jamboard にA，B，C，Dとタイプしておき，生徒たちに自分の付箋をA，B，C，Dの場所に移動させます。

Point3 エキスパート活動のグループごとに Jamboard を用意

エキスパート活動のグループ（A，B，C，D）ごとに Jamboard を用意し，自分たちで読み取りをさせます。新出あるいは不明な語句についてはグループで分担して調べさせ，語句ごとに説明のページをつくらせます。英語や図，写真のみでもよいですが，クラスの能力に応じて日本語でもよいでしょう。当然ですが，文章全体がわかってしまうような日本語訳は避けたいところです。エキスパート活動のグループで文章が理解できているか確認します。教師が理解度を確認するためにQ＆Aを設定するのもよいでしょう。

Point4 エキスパート活動の Jamboard でプレゼンテーション

最初のグループに戻り，他のメンバーに Jamboard を見せながら英文を音読します。他のメンバーに英文を見せてはいけません。A，B，C，Dをランダムにしておき並べ替えさせたり，内容を英語や日本語で要約させたり，タイトルをつけさせたり，Q＆Aを出したりして内容理解を確認します。

[評価]

スキル25 Classroomでルーブリック作成

活用ツール：Classroom

Point1 タスクの種類ごとにルーブリックを設定
Point2 評価軸の設定
Point3 ルーブリックはブラウザ版のClassroomで

テスト形式のタスクであれば，結果を点数化することで容易に評価を出せます。しかし，音読テストや宿題など，結果が点数で表示されないものは評価が難しくなります。Classroomにはルーブリック評価を行う機能が準備されており，これを活用することでルーブリックによる評価を容易に行うことができます。

Point1 タスクの種類ごとにルーブリックを設定

Classroomでは一旦ルーブリックを作成すると次回以降に再利用することができます。たとえば音読や，宿題の練習問題など，日常的に頻度の高いタスクについては，一度，評価軸と評価内容を決定してしまえば，次回以降の評価が容易になります。

Point2 評価軸の設定

音読テストのルーブリックを作成しながら説明します。音読テストを行う際，私は次のような点を評価しています。［　］内は点数です。

① 提出期限―私は音読テストを家庭学習に位置づけています。(詳細は「スキル12」を参照ください)
期限内［25］―期限後［10］
② スムーズに読めたか
完璧［25］―まあまあ［15］―練習不足［5］
③ イントネーション
できている［25］―まあまあ［15］―不正確な部分が多い［5］
④ 発音
できている［25］―まあまあ［15］―不正確な部分が多い［5］

Point3 ルーブリックはブラウザ版の Classroom で

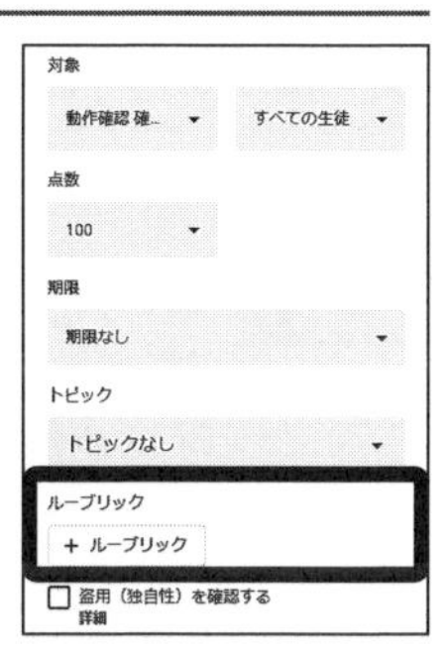

現在ルーブリック機能はブラウザ版の Classroom からのみ利用可能です。**iPad などから利用する場合でも，アプリではなく，Safari や Chrome などのブラウザから開けば利用可能**です。アプリでは表示しかできません。

評価軸の下にある長方形をクリックするだけで評価が終わります。長方形の上にマウスのポインタを置くと，評価の内容が表示されます。

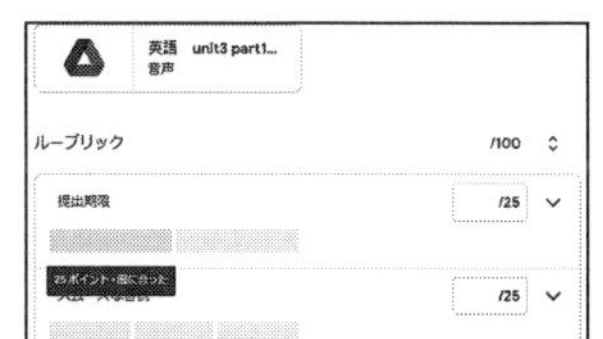

評価の保存は自動的に行われます。そして，ルーブリックをもとに点数化されたものが，今回の音読の評価として点数で記録されます。

［評価］

スキル26 宿題の提出・評価× ICT「主体的に学習に取り組む態度」編

活用ツール：Google フォーム

Point1 粘り強さと学習の調整を図る
Point2 ルーブリック評価で点数化を行う
Point3 Google フォームで調査・集計

新学習指導要領においては新しい観点別評価が導入されました。「知識・技能」と「思考・判断・表現」についてはテストなどで比較的簡単に測ることができますが，「主体的に学習に取り組む態度」については，生徒たちの取り組みに対する意識を調査する必要があります。

Point1 粘り強さと学習の調整を図る

国立教育政策研究所教育課程研究センター『「指導と評価の一体化」のための学習評価に関する参考資料』において，「粘り強い取組を行おうとしている側面」と「自らの学習を調整しようとする側面」を評価することが説明されています。外国語の学びの中でこれらを評価しようと考えた場合，学期の中でスピーチ活動，作文，プレゼンテーション，音読などのアウトプット活動を行う場面で評価を行うとやりやすいのではないでしょうか。

Point2 ルーブリック評価で点数化を行う

成績に関わる部分ですので，評価基準は人によってブレのないものとしたいところです。評価の根拠が明示できるように「粘り強い取り組みを行おうとしている側面」と「自らの学習を調整しようとする側面」について，それぞれ次のような評価軸を設定します。生徒が自分の能力を把握し，どの程度の準備が必要だったのかを判断できたかどうかを自己評価させます。

【粘り強い取り組みを行おうとしている側面】
A．できるまで時間をしっかりかけて主体的に取り組めた［3点］
B．十分な時間とは言えないが主体的には取り組めた［2点］
C．時間をかけることもなく主体的にも取り組めなかった［1点］

【自らの学習を調整しようとする側面】
A．これまでの経験から自分にはどの程度の準備が必要か把握し，計画的に取り組めた［3点］
B．これまでの経験から自分にはどの程度の準備が必要かわかっていたが，そのことは考慮せずに取り組んだ［2点］
C．自分にはどの程度の準備が必要かということは考えもせず，適当に取り組んだ［1点］

学習活動ごとに調査を行い，この合計点の平均を算出し，６点または５点を「A」，４点または３点を「B」，２点または１点を「C」と評価します。

Point3 Google フォームで調査・集計

調査の実施をフォームで行うことで，集計までを自動化することができます。フォームの機能にあるメールアドレスの収集を有効にするか，記名をさせ，必ず個人が特定できるようにします。フォームでは集計結果を Google スプレッドシートに簡単に出力できるので，集計は簡単に行えます。基本的には一度つくったフォームを再利用すればよいですが，学習活動によりA～Cの文言を多少変えて行うとよりよいでしょう。

[板書]

スキル27 板書バージョンアップ②
Apple Pencil で書く

活用ツール：Jamboard，Adobe Acrobat Reader，Word，Excel，PowerPoint

Point1 教材の見せ方に合わせてアプリを使い分ける
Point2 PowerPoint で立てた板書計画に書き込む
Point3 生徒たちが板書を写す時間を忘れない

iPad などのデバイス単体では，アプリ内で直接画面に書き込むことは困難ですが，Apple Pencil などを用いると図形を描画するだけではなく，細かい文字を記入することも可能になります。

あらかじめ用意したスライドの内容に，必要な板書を加えていくことが可能になります。

Point1 教材の見せ方に合わせてアプリを使い分ける

Apple Pencil などの電子ペンが使えるのは，ホワイトボード系アプリ（Google Jamboard，Microsoft Whiteboard, Microsoft OneNote）や，Microsoft Office（Word, Excel, PowerPoint），Adobe Acrobat Reader などがあります。Jamboard のように，手書きで入力した内容をタイプした文字として変換できる機能をもっているものもあります。

黒板やホワイトボードのように，電子ペンを使って教師が板書を書き上げていくような場合は，ホワイトボード系のアプリを使うのが適しています。

教科書の中身に線を描き込んだりメモを書き入れたりするような場面であれば，教科書のページを PDF ファイルにしておき，Adobe Acrobat Reader

で読み込んだものに書き込むほうが適しています。

Point2 PowerPoint で立てた板書計画に書き込む

PowerPoint で説明や例文などをスライドにしておき，授業ではそれをホワイトボードに投影し，必要最低限の板書を電子ペンで書き込むことも１つの方法です。板書は授業の進行上，思った以上に時間を消費しています。板書の時間を節約することができます。

Point3 生徒たちが板書を写す時間を忘れない

板書を電子化することで生徒たちから出てくるクレームとして，「授業の進み方が早くてついていけない」というものがあります。投影したものをノートに写し取らせる時間をとる，あるいは同じ内容のものをプリントしたハンドアウトを配布するといった配慮が必要です。また，詳細は後述しますが，板書をオンラインで残す方法もあります。特にコロナ禍においては10日以上の出席停止が日常化しています。そのようなときでも**板書があとから確認できるというのは生徒たちの安心につながります。**

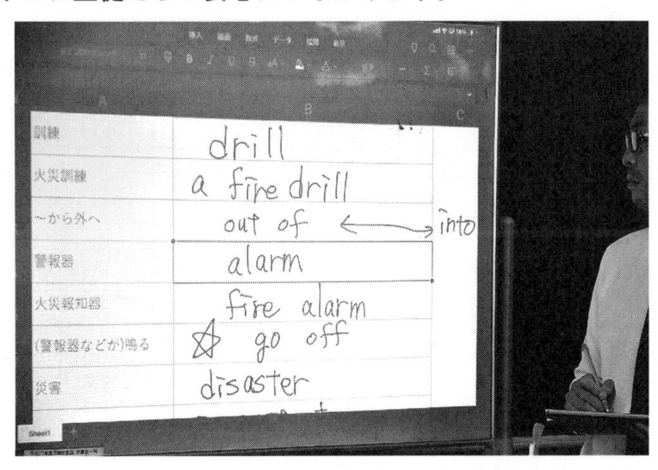

［板書］

スキル 28 板書を PowerPoint で。動画配信も可能に

活用ツール：PowerPoint

Point1 動画出力には PC が必要
Point2 ポインターや Web カメラで教師の姿も

スキル13で紹介した新出語の事前指導やスキル17で紹介した文法解説動画の作成には，PowerPoint（以下 PPT と表記）での動画出力作業が必要です。

ここでは，PowerPoint で必要なスライドをすでに作成したことを前提に説明していきます。

Point1 動画出力には PC が必要

PPT には，大きく分けて Windows や Mac などの PC で使用するバージョンと Android や iOS で使用するモバイル版があります。

この作業は Windows または Mac で PPT を使用することが必要です。また，PC にはマイクが必要です。すでに必要なスライドは作成され，スライドごとに教師が話す内容の準備やリハーサルまでできていることを前提にしています。

① 使用するファイルを開いた状態で，［スライドショー］－［録画］を選び，録画をスタートします。ここからはこのスライドを使用してプレゼンテーションを行っている内容がそのまま録画されます。通

常のプレゼンテーションを行うのと同じようにPPTを操作しマイクに向かって話します。

② 教師がモデルで発音するタイミングとスライドをめくるタイミングは，実際に生徒たちが先生に続いて発音していると想像しながらタイミングを見計らいます。もし間違えても，そのスライドからやり直すことができます。なおPPTのバージョンによって操作が若干異なります。

③ 最後のスライドを終えると動画の記録も終了し，編集を行う画面に戻ります。

④ [ファイル] - [エクスポート] - [ビデオの作成] - [ビデオの作成] とクリックし，指示に従って進めるとMP4ファイルが完成します。コンピュータの能力によってファイルの完成までの時間が異なります。

Point2 ポインターやWebカメラで教師の姿も

通常のプレゼンテーションでは，レーザーポインターや指し棒を使って聞き手の注目を集めますが，PPTには画面上に表示できるポインターが準備されています。

コンピュータの場合，iPadなどとは異なって電子ペンが使えないためにあまりきれいには描けませんが，スライド上に線などを描くことも可能です。

PPTのバージョンによっては，Webカメラを使って教師が話しているところを動画に入れ込むことも可能です。

［板書］

スキル29 板書バージョンアップ③ 板書を手元で確認する

活用ツール：Jamboard

Point1 ノートに写す内容を限定する
Point2 生徒たちは「閲覧者」に設定
Point3 置いたiPadに立ったまま書かない
Point4 今書いているページを必ず伝える
Point5 画面共有で同時にリモート授業も

Jamboardを活用することで，誰にとっても見やすい板書を目指します。

Point1 ノートに写す内容を限定する

Jamboardを利用して板書を行うということは，生徒たちは授業後も板書の内容を閲覧できるということです。従来，授業後が終わると板書は消されてしまうために，基本的にはそのすべてをノートに写す必要がありました。しかし，**Jamboardなら教師が削除するまでは，生徒たちは見たいときにいつまでも閲覧が可能**です。したがって，ノートに写させたい部分と写さなくてもよい部分を分け，それを生徒たちに知らせる必要があります。

Point2 生徒たちは「閲覧者」に設定

Jamboardを共有すると，標準ではすべてのユーザーが編集者として登録されます。「板書」として使用する際は，生徒たちが板書の内容を改変できてしまうことになります。必要な場面では編集者にして生徒たちに書き込ませるのもよいですが，基本的には生徒たちは「閲覧者」に設定しましょう。

Point3 置いた iPad に立ったまま書かない

教師は通常，授業中は立っています。起立の姿勢から iPad で板書を行おうとすると，端末を教卓におき，前かがみになって書き込もうとします。しかしこの姿勢では，生徒たちの様子が全くわからなくなります。教卓などの高い机に端末を置き，教師も座って書き込むか，端末を手に持ち，直立した姿勢で記入すると生徒たちの様子が把握しやすくなります。

左　教卓に置くと視線が下がる
中・右　座るかタブレットを持つと生徒たちを見やすい

Point4 今書いているページを必ず伝える

Jamboard は１ページに書ける量が黒板と比べると少ないです。授業の進行に伴って，２ページ目，３ページ目とページが増えていきますが，教師が次のページに移動しても，生徒たちのページは自動では変わりません。ページが移動する際は，生徒たちに見てほしいページを必ず伝えます。

Point5 画面共有で同時にリモート授業も

Google Meet などの会議システムで画面共有をして Jamboard を使用すると，板書と教師の声を離れた場所に届けることができます。自宅待機をしている生徒たちや，登校しているものの別室で学習をしている生徒たちに対してもリアルタイムで教室の授業を受けさせることができます。

[その他]

スキル30 電子黒板は不要？ iPad & Apple Pencil と比べて

活用ツール：iPad，Apple Pencil，プロジェクタ

Point1 ホワイトボードアプリで代用以上のことができる
Point2 電子黒板は非常に高額

電子黒板の導入が全国で進められていますが，皆さんの学校ではどれくらい有効に利用されているでしょうか。電子黒板は，その名の通り，専用の電子ペンを使って書き込みができる「黒板」です。画像ファイルを挿入したり，書いた内容を保存したりすることもできます。しかし，iPad と Apple Pencil，プロジェクタを活用すると十分に代用できるのです。

Point1 ホワイトボードアプリで代用以上のことができる

これまで紹介してきた iPad ＋ Apple Pencil ＋ プロジェクタの組み合わせで，電子黒板の機能はすべて網羅されています。これらの機器で Jamboard を利用している場面を考えてみましょう。画像ファイルを貼り付けることも可能ですし，書き込んだものを電子的に保存することも可能です。

むしろ，電子黒板ではできないことの方が多いのです。たとえば，Jamboard では共有を設定した複数のユーザーが同時に複数のページに書き込めますが，電子黒板では用意されている電子ペンの本数（２本程度）で同一のページにしか書けません。また，Google Meet や Zoom などで画面共有の対象にもできません。

Point2 電子黒板は非常に高額

電子黒板には種類が複数ありますが，最も安価なタイプで見ても30万円以上です。学校に導入されているものは１台が100万円することも珍しくありません。代わりにおすすめしたいのが短焦点タイプの液晶プロジェクタです。ホワイトボードから１m 程度離すだけで，教室の黒板の高さ一杯に映し出すことができます。

私の勤務校では2013年に電子黒板が３台導入されましたが，電子黒板としての活躍は意外に短く，「高価なプロジェクタ」化してしまいました。短焦点の液晶プロジェクタの方が圧倒的に安価で，電子黒板より大きく映し出すことができます。

実際のところ，電子黒板は導入されても，タブレットやコンピュータを接続して映し出すことが目的になり，通常の液晶プロジェクタとしてしか利用されていないケースは多いのではないでしょうか。

[その他]

スキル31 板書の共有化 板書の写真をアップロード

活用ツール：Classroom

Point1 iPad のカメラで撮影してアップロード
Point2 板書を残す意味を考える
Point3 授業を受けられない生徒への配慮に
Point4 板書を写すことも重要

黒板に書いた板書は，その時間の授業が終わってしまえば消されてしまいます。生徒たちは，その授業で板書をノートに書き写していれば，授業後にも学んだことを振り返ることはできます。

しかし，教師が次の時間に以前の授業の板書を活用しようとしたとしても，復元することは不可能です。ですが **ICT を活用することによって，「板書の保存」が可能になります。**

Point1 iPad のカメラで撮影してアップロード

板書を残す方法はごく簡単です。iPad などのカメラで黒板を撮影し Google Classroom にアップロードするだけです。これでその授業に参加している他の教師や生徒の間で板書の共有が完成します。

Point2 板書を残す意味を考える

板書をカメラで撮って保存できるとなると，「生徒たちが板書を写さなくなる」という教師の声が聞こえてきそうです。この点については，生徒たちが自分の iPad で板書を撮影した場合にも同じことが言えます。

そこで私たち教師が考えたいのが，「なぜ板書を写すのか」ということです。生徒たちに写させる意味のある板書であれば価値がありますが，そうでないのであれば時間の無駄になってしまいます。改めて，板書の意義を考えていきたいですね。

Point3 授業を受けられない生徒への配慮に

コロナ禍によって10日以上登校できない生徒たちも珍しくありません。また，様々な事情で教室に入れず，別室で学習する生徒たちも世の中には大勢います。

そうでなくても，体調不良で偶然欠席してしまったときに，出られなかった授業を気に掛ける生徒たちもいます。板書を保存することで，このような生徒たちにとって，その授業に触れられるチャンスを与えることができるのです。

Point4 板書を写すことも重要

では，板書を写すことには意味がないのかと言われれば，そのようなことは決してありません。

大切なことは，目的を考え，目的に合った方法を選択することです。本書の冒頭でも触れたように，ICT は万能ではありません。教材の１つにすぎないのです。

[その他]

スキル 32

ノートのバージョンアップ OneNoteでメモを取る

活用ツール：OneNote

Point1 ファイルやカメラ画像を貼り込める
Point2 撮影した板書にどんどん書き込める
Point3 生徒たちのノートとしての可能性

皆さんは会議の記録，指導記録，授業プランなどの業務上のメモをどのように保存されているでしょうか。

Microsoft OneNoteを用いると，極めて効率的に記録したり，保存したりできます。使い方によっては生徒たちのノートとして使える可能性もあります。

Point1 ファイルやカメラ画像を貼り込める

OneNoteは，Windowsはもちろん，AndroidやiPadでも利用可能です。Microsoftのクラウドである OneDriveを介して，同じアカウントで利用する限りは複数の機器で1つのノートを共有できます。

また，WordやExcel，PDF，JPEGなどの画像，画面のハードコピー（スクリーンショット），カメラの付いたiPadなどではカメラ画像も貼り付けることができます。

Point2 撮影した板書にどんどん書き込める

OneNote を iPad，Apple Pencil と組み合わせて使っているときには，極めて強力なノートツールになります。

たとえば，ホワイトボードなどに書かれた板書やメモをカメラで撮影して取り込み，その画像に自分が考えたことなどを Apple Pencil でどんどん書き込めます。

コロナ禍で各種研修がオンライン実施になりました。たとえば，講師の先生が画面共有で配信されることも多くあると思います。それらのような情報についても，画面に表示されるものなら何でも，OneNote for Windows 10 であれば瞬間的に自分のノートの上にコピーを貼り付け，メモを書き込むことができます。

Point3 生徒たちのノートとしての可能性

スキル31「板書の共有化」で，板書を iPad のカメラで生徒たち自身が撮影することに触れました。

ただ，「板書を撮影する」ことについては容認できない先生方もいらっしゃることでしょう。

しかし，**板書を写す時間を節約し，より進んだ学習を行いたいと考えるのであれば，可能性のある方法**だと私は考えています。場面に応じて，そのような使い方を認めるのもよいと思います。

あらかじめ生徒に撮影許可を与えておくか，撮影してもよい場面を決めておき，そのような場面では教師が生徒に対して「撮影してもいいよ」と声掛けをするのも1つの手です。

［その他］

スキル 33 教材をユニバーサルデザインに

活用ツール：Word など

Point1 ユニバーサルデザインフォントを使用する
Point2 黒地に白・黄を基本に
Point3 アニメーションは必要最低限に

近年，市販教材や学校直販教材など，発行される教材の多くはユニバーサルデザインにこだわっているものばかりです。

一方で先生方が作成される教材についてはいかがでしょうか。

ハンドアウトやスライドで使われる文字のフォントやサイズ，色などはどうでしょうか。

この項目では特に画面上での見え方にこだわって触れてみたいと思います。

Point1 ユニバーサルデザインフォントを使用する

Windows 10には2023年現在，モリサワ社の BIZ UD フォントが標準で装備されています。明朝体の「BIZ UD 明朝 Medium」とゴシック体の「BIZ UD ゴシック」とそれらのプロポーショナル版の「BIZ UDP 明朝 Medium」と「BIZ UDP ゴシック」です。

これらはユニバーサルデザインフォントといい，他のフォントに比べ，**視力の弱い人にとって識別しやすいデザインのフォント**です。

ＭＳ明朝
ＭＳゴシック
BIZ UD 明朝 Medium
BIZ UD ゴシック

Word や PowerPoint では初期設定では使用されない書体ですので，**使用する場合には別途指定をする必要があります**。教材作成の際には標準で使用できるようにしておくことをおすすめします。

Point2 黒地に白・黄を基本に

PowerPoint でスライドを作成したり，Jamboard をスクリーンに投影したりするときには，黒地で文字は白と黄を基本にします。

紙面では白地に黒が見やすいですが，画面上では逆になります。

白は眩しく，黒い文字はホワイトアウトしてしまう可能性があります。特に乱視の人にとっては見えづらくなります。

また，フォントの色も白と黄程度にとどめます。多くの色を使うとかえって見えづらいスライドになってしまいます。

Point3 アニメーションは必要最低限に

生徒たちにプレゼンのようなスライドを作成させると，しばしば，いたるところに異なったアニメーションが施され，まるでアニメーションの展覧会のようなスライドが完成します。確かにアニメーションは，その名の通り動きがあるので見ている人の注目を集めます。しかし文字が動いている間は，その動きを常に視線で追い続ける必要があります。画面の端から端まで動いてしまうようなアニメーションは視線の動きがさらに大きくなります。動いている文字は見えづらいだけです。アニメーションを付ける目的を考えるように心がけましょう。

[その他]

スキル 34 クラウド化でいつでもどこでも安全に

活用ツール：Google Workspace for Education ほか

Point1 クラウドのセキュリティは銀行と同じ
Point2 クラウドはいつでもどこでも利用可能ですが…

ある自治体の職員が，個人情報データ入りのUSBメモリやパソコンを紛失してニュースになることがあります。

また，校内のサーバーにあるデータを校外で編集しなければならないときに，その度にサーバーからファイルを移動するのは面倒だと感じることがあるでしょう。

クラウドを活用することによって，これらの問題を一気に解決することができるのです。

Point1 クラウドのセキュリティは銀行と同じ

学校でクラウドにデータを保管する話をすると，「インターネット上にデータを置くのは危険だ」あるいは「校外にデータを置くのは危険だ」という意見が出てきます。

もちろん無料のクラウドサービスや通常のインターネット回線を利用するのであれば，それは間違ってはいない部分もあります。

しかしこれは，お金を保管するときに「銀行は家の外だから危ない」と言っているのに似ています。

クラウドは，ネットワークの専門企業が巨額を投じてセキュリティを施しています。それと同等のセキュリティを校内のネットワークに施すのはまず不可能です。

多くの人が利用している決済サービスや音楽・動画配信サイトなどはそれ自体がクラウドで，そこにはクレジットカード情報や個人情報のデータが登録されていると考えると，その安全性をご理解していただけるのではないでしょうか。

クラウド利用で，校内でしっかりと行わなければならないのは，ユーザーIDの管理です。不正利用が疑われるIDが発生した場合は，そのIDを凍結すれば，情報漏洩の可能性は低くなります。

またパスワードを安易なものにしないなど，データにアクセスできる人を厳格に制限します。

重要なデータを人に送る場合や校外に持ち出す場合も，クラウドを利用することで，USBメモリやデータの入ったパソコンを紛失するリスクがなくなります。

Point2 クラウドはいつでもどこでも利用可能ですが…

クラウドの利点は，インターネット環境がある場所であれば，いつでもどこでも仕事ができてしまう点です。

直近の例で言えば，コロナ禍で自宅待機になっても，自宅から普段通りに業務をこなすことができました。

しかし一方で，これはプライベートの時間と労働の時間の境目が曖昧になってしまうという大きな問題もあります。この点についてはよく考えて業務を行いたいものです。

中学校英語× ICT の授業アイデア

中学１年　［ライティング］［発表］

01 Google スライドで楽しく自己紹介しよう！

［英語表現］ be 動詞，一般動詞を使った基本的な文
［ ツール ］ スライド　など

ねらい

be 動詞や一般動詞を使った文を使えるようになる。
自分の考えたことを英語で聞き手に伝える。

授業の流れ

導入	**①　自己紹介の原稿を７文でノートに書く。** ・be 動詞を使った文と一般動詞を使った文の両方を使うことを条件として提示する。
展開	**②　Google スライドを使って発表用のスライドを準備する。** ・スライドは１文ごとに１ページ作成し，キーワードや図，写真のみを載せる。
まとめ	**③　スクリーンに投影して発表を行う。** ・原稿は暗唱させて行う。

授業の流れと ICT 活用のポイント

01 自己紹介の原稿をノートに書き添削する

原稿はまず，ICT を活用せずノートに手書きで書かせます。できるだけ生徒一人ひとりの個性が出るよう，固有名詞が多く出るように指導します。

固有名詞が多く出るようにすることで，**スライドをつくったときに他の生徒の興味関心を集めるスライドにすることができます。**

たとえば，「野球が好きだ」という生徒がいたとすると，好きなチーム名や選手の名前を挙げさせると内容が膨らみます。

ありきたりのことだけで完結してしまうと，生徒同士が事前に知っていることばかりになってしまい，**生徒同士の間でインフォメーションギャップが生まれなくなり，平凡な発表になってしまいます。**

また，授業の最初に教師が実際に Google スライドを使って，見本となる自己紹介を生徒たちに示しておくと，やるべきことがイメージしやすくなります。

02 Google スライドで発表用のスライドを作成する

Google スライドで発表用のスライドをつくらせます。

このとき，スライドには原稿の文章を書かないことを伝えます。各文の内容についてのキーワードや写真のみを入れさせます。

１ページ目は名前を述べますが，あえて漢字で名前を入れさせるのも方法です。

文字のサイズを変えさせたり，スライドのデザインを工夫させたりして，見た目にも楽しいスライドをつくらせます。

多くの生徒にとって楽しい作業になりますので，夢中で取り組むことができます。熱中しすぎて進行が滞らないように，時間制限を設けるなどして，けじめをつけやすくしておきます。

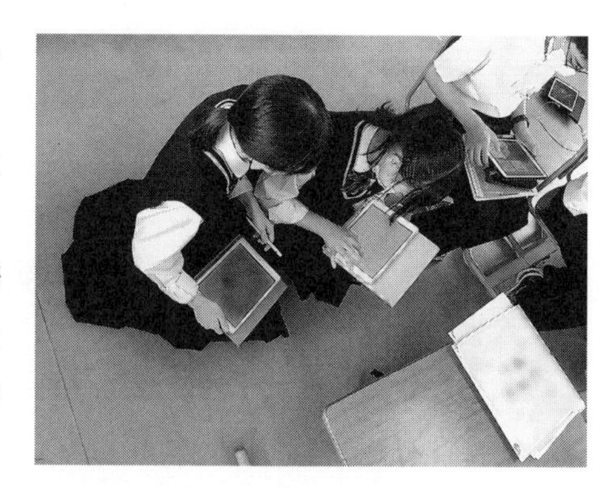

ある程度完成したところで，簡単なリハーサルを行います。

端末を使ってスライドショーを流しながらプレゼンテーションの雰囲気を確認します。リハーサルを行うことで英文やスライド，話し方の修正すべき点が明らかになります。

ワンポイントアドバイス

ツールとしては Google スライドを使用します。Google Classroom を経由して発表用のスライドを提出させると，管理が容易になります。

ただし，課題として Google スライドのファイルを提出する際に，「完了としてマーク」を押してしまうと，その後は「提出を取り下げる」を押しても，生徒の側からはファイルを編集できなくなってしまうので注意が必要です。

なお，Google スライドには様々な機能がありますが，その一つひとつを生徒たちに詳しく説明する必要はありません。

最初に文字や図の流し方を簡単に説明し，その後は必要に応じて指導します。生徒たちは各個人で試行錯誤をしたり，友人の作業を見たりすることで，自ら使い方を学んでいきます。

03 スクリーンに投影して発表を行う

自己紹介のプレゼンテーションをクラス全員に対して行う場合は，子どもたちの端末をプロジェクタに接続して行います。

数人のグループ内で行う場合は，端末の画面を直接友人に見せる形で行います。クラスの人数に応じて，必要な時間を計算して行います。

生徒たち一人ひとりの興味関心があることが，具体的な写真などと一緒に紹介されると大変豊かな発表になります。

単に口頭で英語を述べるだけでも，自己紹介としては成立します。ただ，**プレゼンテーションとして自己紹介を仕立てることによって，楽しくて有意義な活動にすることができます。**

また，このような発表や表現活動を行ったときは，「主体的に学習に取り組む態度」を評価するチャンスです。事後アンケートなどを行い，評価の材料を忘れずに集めておきましょう。

ワンポイントアドバイス

発表に使ったスライドや原稿はGoogle Classroomを使って提出させ，評価をしやすくしておきましょう。

ノートに書かせた原稿でも，iPadなどのカメラを使えば簡単にオンラインでの提出が可能です。

また，アンケート調査を行うときは，Googleフォームを活用し，効率よくアンケート調査とその結果の集計を行いましょう。

中学1年 ［ライティング］［発表］

02 ブレストからプレゼンまで

Show & Tell — “My *otaku* thing”

［英語表現］ I like ～. など
［ ツール ］ Jamboard，スライド など

ねらい

・自分がこだわって好きなことを英語で聞き手に伝える。

授業の流れ

導入	**① Jamboard を使って，自分の好きなことについて知っていることを書き出す。（ブレインストーミング）** ・特に伝えたいことを厳選する。
展開	**② Google スライドを使って発表用のスライドを準備する。** ・スライドは1文ごとに1ページ作成し，キーワードや図，写真のみを載せる。 ・原稿をスライドに書かせないようにする。
まとめ	**③ スクリーンに投影して発表を行う。** ・原稿は暗唱させて行う。

授業の流れとICT活用のポイント

01 Jamboardを使って発表したいことをブレインストーミング

今回発表する内容は，アニメ，漫画，スポーツ，音楽など，自分が特に好きなものやことについてです。

生徒に，他人から見たら「オタク」と思われることを発表してもらいます。発表のため，それについて知っていることをまず書き出していく作業が必要です。

ここでJamboardの付箋紙機能を活用して，テーマについて知っていることを次々と挙げていきます。

一通り挙げたら，KJ法で今度はそれらをグループに分け，分けたグループの内容がわかるような名前を付けておきます。

分けたグループの中から特に紹介したいと思うグループを１～２つ選びます。

付箋紙に書かれている内容を発表していきますが，その分野について知らない人にとっては全くわからない内容です。発表する生徒の自己満足にならないように，全く予備知識のない人が聞いても理解できるように説明を加えます。

ワンポイントアドバイス

生徒がブレインストーミングで使用するJamboardは教師と共有を設定しておきます。

机間巡視を行いながら，生徒たちの端末を通して内容をチェックしてもよいですが，教師と共有を設定しておけば，教師が見たいときにチェックができます。生徒に内容の指導を行う際にも，教師の端末から直接書き込みながら指導が行えます。

また，iPad で Jamboard を使用しているのであれば，ぜひ Apple Pencil を使用するようにしましょう。付箋を集めて線で囲んだり，文字を書き込んだりする際に非常に便利です。

02 Google スライドを使って発表用のスライドを準備する

Google スライドなどプレゼンテーション用のスライドをつくるときに気を付けたいことは，スライド内に発表時のスクリプトとなる内容を書きこませないことです。スライド内にスクリプトがあるということは，発表者が口頭で話す必要がないということになります。スライド内にはそのスライドで重要となる図表や数字，写真，キーワードのみにし，聞き手に話し手の話す内容に注意を向けさせます。

また，図表や写真は必ず使うようにします。文字ばかりのスライドは聞き手にとって面白くないものとなってしまいます。

スライド内で使用する図や写真は，書籍や実物を自分で撮影したものの他，Web で探すこともできます。スライドで使用する場合は出典を明らかにして，著作権についても意識させましょう。

ワンポイントアドバイス

発表に使用するスライドは Google Classroom の「授業」を通して「課題」として配信しましょう。Classroom を通して行うことによって，ファイルを管理するのが容易になります。ファイル名の先頭に氏名を表示できますし，不用意に他の生徒がファイルを消したりすることもなくなります。

また，生徒がつくったファイルは自動的に教師と共有されますので，指導する際に，教師がファイルに対して簡単にアクセスできます。

03 スクリーンに投影して発表する

発表をクラス全体が聞く形で行う場合は，大きなスクリーンに投影するなど，クラス全員が見られる形にしましょう。聞き手の子どもたちにも友人の発表を評価できるように評価表を準備しておきます。

また，今回は「オタク発表」ですので，誰の発表が最も「オタク度」が高いと感じたかといった観点も大切にしたいものです。オタク的な内容というと，学校では多くの他者とは共有がしにくいものと思われているかもしれません。しかし，こういったことを発表することで，**自分も他者もありのままの姿を受け入れること，またそれができる環境をつくるという点でメリットが発生します**。また，子どもたちが特に興味関心の強い内容であることから，主体的な取り組みにつながりやすいです。

ワンポイントアドバイス

Google スライドは，PDF ファイルにスライドの内容をエクスポートする機能が備わっています。口頭発表の場合はスライドのままで活用しますが，ポスター発表のスタイルにしたい場合は，PDF ファイルにしたものを印刷して模造紙に貼り，スクリプトを添えることで発表用のポスターにすることが可能です。

中学1年　［ライティング］［発表］

03 海外の国を紹介しよう！

Show & Tell — "Countries around the World"

［英語表現］　一般動詞全般，～ is famous for ～．　など
［ ツール ］　Jamboard，スライド　など

ねらい

・日本以外の国に関心をもち，英語で紹介をする。
・be 動詞と一般動詞の基本的な使い方に慣れる。
・英語で発表を行う経験をする。

授業の流れ

導入	**① 生徒がそれぞれ担当する国を決める。**
展開	**② Google スライドを使って発表用のスライドを準備する。** ・スライドは１文ごとに１ページ作成し，キーワードや図，写真のみを載せる。 ・原稿をスライドに書かせないようにする。
まとめ	**③ スクリーンに投影して発表を行う。** ・原稿は暗唱させて行う。

授業の流れとICT活用のポイント

01 生徒がそれぞれ担当する国を決める

世界中の国の中から発表したい国を選ばせます。地域が偏らないように，あらかじめ生徒を地域ごとにグループ分けしてもよいでしょう。

有名な国を紹介させてもよいですが，**あまり生徒たちが知らないような国を選ばせ，インフォメーションギャップを発生させる**と，友人の発表を聞くことに意義が生まれます。より真剣なコミュニケーション活動にすることが可能です。

社会科の地図帳などを活用し，どのような国があるか調べさせます。また，Web検索でその国について調べさせ，興味関心が高まるようにします。

また，be動詞や一般動詞を学習した直後にやるのであれば，調べて発表する内容の基本形として「国名」「人口」「主要言語」「その国で有名なもの」などに限定するのもよいでしょう。そのようにして，英文のテンプレートをある程度指定することで，スローラーナーの生徒でも比較的容易に完成させられるようにすることもできます。

たとえば，“I talk about Japan. Japan has 125,800,000 people. People speak Japanese in Japan. Japan is famous for Anime.”といったような形を示します。

ワンポイントアドバイス

国を決めさせるときにJamboardを活用します（スキル24を参照）。付箋に名前を入力し，発表させる国の地域ごとに名前の付箋を集めグループ化します。

具体的に調べる国を決める際には，付箋の脇に生徒自身に国名を入れさせながら話し合いをさせます。国や地域の分担を決める話し合いがスムーズに進行します。

02 Google スライドを使って発表用のスライドを準備する

まずスクリプトを完成させ，その後スライドを作成させます。

項目ごとにスライド1枚を基本とします。必要な画像を Web や書籍で探し貼り付けます。

たとえば，国名の紹介には必ず国旗や地図などを入れる，などの指示をします。どのページもキーワードとなる図表や数字などのみを入れさせるようにします。

本番前にはリハーサルを行い，完成度を確認します。リハーサルを行うと，英語やスライドについて不足している部分が明確になり，手直しをする上で大変役立ちます。リハーサルの際に，Google スライドでスライドショーを行うときの方法についても確認しましょう。

ワンポイントアドバイス

発表用のスライドは，Google Classroom を使って授業の課題として配信します。

こうすることで，スライドのファイルは教師と生徒の間で共有が最初から設定され，教師が生徒の発表用のスライドを管理しやすくなります。また，指導の際にも教師が生徒のスライドにアクセスしやすくなります。

03 スクリーンに投影して発表を行う

発表は北アメリカやヨーロッパといった地域ごとに分けて発表をさせると，わかりやすくなります。

発表後は，発表に使ったスライドをPDFファイルにエクスポートし，スクリプトの英文と組み合わせてポスターを作成してクラスに掲示しておきます。そうすることで，世界にはいろいろな国家があり，言語，文化も様々であることを視覚的に認識させることにもつながります。

また，その中で英語が公用語，あるいは使用できる国をまとめると，**グローバル社会の中で英語を学ぶということの重要性が生徒たちに伝わる**かもしれません。

ワンポイントアドバイス

PDFファイルにエクスポートした生徒たちの成果物は，クラスに掲示するだけでなく，学校で導入しているシステムにもよりますが，保護者に対して配信することも可能です。PDFファイルで生徒の学校での学習活動の様子を知らせると同時に，学校の取り組みを発信するよい機会になります。

中学1年　[ライティング]

04 写真と一緒に伝えよう！冬休みの思い出

[英語表現]　過去形

[ツール]　スプレッドシート，ドキュメント，Classroom　など

ねらい

・過去形を用いて冬休みの出来事を伝えることができる。

授業の流れ

導入	**①　過去形について復習を行う。** ・過去形と現在形の違いの確認。 ・過去形で用いる時間を表す副詞表現の確認。
展開	**②　Google ドキュメントを用いて，作文をさせる。** ・冬休み前に，タブレットなどを使って題材となり得る事柄について家庭で写真を撮ってくることを宿題としておく。 ・子どもたちの能力に応じて，使える表現，テンプレートなどを提示する。
まとめ	**③　書いた作品をお互いに読み合う。** ・感想やよかったところなどをお互いに交換する。

授業の流れと ICT 活用のポイント

01 過去形について復習を行う

過去形を学ぶのは冬休みの前後から３学期にかけてあたりになることを前提にしています。

この活動は，過去形のまとめの学習として行うことを想定しています。過去形の文のつくり方，動詞の活用と時間を表す副詞表現についておさらいをしておきます。

動詞の活用がわからない場合は教科書に掲載されている活用表を参考にすればよいでしょう。ただ，**時間を表す副詞や副詞句については，特に作文の中で使えるものは改めて板書をしたり，「使える小道具」としてまとめたものを一覧表にして配布したりする**のもおすすめです。

ワンポイントアドバイス

過去形のつくり方や使い方について学習動画ビデオをつくっておくと，困ったときに再び生徒たちが参照することができます。教科書や参考書の内容と同じようになるかもしれませんが，「見せ方」の違いで，生徒の「食い付き」は変わってきます。また，教科書を開かせたいと感じられるのであれば，教科書の詳しい説明に導くための「ポータル」的なビデオにするのもよいでしょう。

また，時間を表す副詞や副詞句についての一覧表についてですが，時間に関するものだけでなく，手段，様態，場所，理由などの副詞表現は非常に多くあります。そしてこれらは文章の表現力を格段に向上してくれます。ハンドアウトにしたものをバージョンアップさせながら配布するのもよいですが，生徒と共有を設定したGoogleスプレッドシートで作成，教師が学習段階に応じて徐々に追加していく形でもよいでしょう。表現活動を行う際に，生徒もここを見ればわかるという状態をつくっておくと，迷わずに作業ができます。

02 Googleドキュメントで作文

清書書き用のファイルと下書き練習用のファイルは分けます。下書き練習用は，Googleドキュメントでもよいですが，紙のノートを撮影したファイルをGoogle Classroomで提出させても，あるいはGoogleドキュメントで提出させてもよいでしょう。

ここで大切にしたいのは，添削の段階でどこを間違えているかを生徒たちに把握させ，同じ間違いをしないようにさせることです。

そのため，清書用のファイルは添削の跡がないようにしたいのですが，下書き練習用については，間違った部分をしっかり目で見える形にしておきたいです。

下書きが完成すれば清書書きに移ります。写真は1枚でもよいですが，複数あっても構いません。

ワンポイントアドバイス

清書書きはGoogleドキュメントのファイルをGoogle Classroomで配信したものに書かせます。ただ，上記の通り，添削段階については，従来式のノートによるもの，ノートを撮影したものやClassroomにアップロードさせたもの，あるいはGoogleドキュメントにタイプさせたもの（「提案モード」で添削）など様々な形があります。

ノートを撮影したものかGoogleドキュメントによる添削であれば，授業外の時間に教師が添削することが可能ですし，生徒も添削待ちの時間の削減や，添削のためにノートを提出して手元にないという状態を避けることができます。

03 書いた作品をお互いに読み合う

書いた作品をお互いに読み合います。

生徒同士でクラス全員のものを読むのは大変ですので，グループをつくりその中で読み合うとよいでしょう。

読むときには，友人が冬休みにどのようなことをしたのか，どのような視点で書いているのかなどに目を向けさせます。特に優れていると教師が評価したものについては，全体にフィードバックし，次回以降に生徒たちがそれを自分の活動に活かせるようにします。

ワンポイントアドバイス

グループ内での共有は，生徒自身にグループのメンバーを共有に加える形で行わせます。コメントを別のシートや口頭で伝えるのであれば，友人は「閲覧者」として共有します。生徒が友人の作品自体を改変しないようにする約束ができるようであれば，友人を「編集者」として登録した上で，感想を「コメント」として残すことも可能です。

中学１年　［スピーキング］

05 単元学習後の音読は Classroom で管理しよう！

［英語表現］　どの英語表現でも可
［ ツール ］　Classroom　など

ねらい

・文意を考え，イントネーションや区切りをつけて音読できる。
・聞き手に伝わる発音で音読できる。

授業の流れ

導入	**①　モデル音声を聴く。** ・教科書の音声や教師の音読により，子どもたちが到達すべきモデル音声を示す。
展開	**②　音読練習を行う。** ・教師のモデルリーディングに続いてリピート ・Read & Look-up ・ロールプレイ（教師－子どもたち，子どもたち同士） ・モデル音声を聞きながらシャドウイング
まとめ	**③　宿題（音読テスト）の指示を受けて家庭で音読を行う。** ・よく練習を行ってから，友人のいないところで録音する。 ・Google Classroom で提出する。

授業の流れとICT活用のポイント

01 到達目標を示し，モデル音声を聞かせ見本を示す

まず今回の授業は，前の時間までに内容理解が終わっており，子どもたちは内容を理解した上での音読となります。

子どもたちに，今日の授業で行う音読指導について，最終的に到達したい目標を示します。導入の段階では，子どもたち一人ひとりの音読がどのレベルかを確認したり，正しく音読できていない部分を直したりするために，**ICTは使わずに，生徒の音読を直接聴いて，その場で直接指導します**。

今回の教材はダイアログ形式の教材を使用している場面を想定していますので，教師がモデルリーディングを行う場合には，声のトーンやジェスチャーを工夫して，子どもたちが，話し手の区別が音声を聞いただけでできるように工夫をします。音声CDや教科書に付属しているオンラインの音声なども併せて利用します。

02 音読練習を行う

今回は，教員に続いてリピート，Read & Look-up，ロールプレイ，モデル音声を聞きながらのシャドウイングを組み合わせて行います。

教員に続いてリピートしての音読は，この後のすべての音読作業の基本となります。教員や友人に頼ることなく一人で正しく音読できるようになることを目指すので，発音，イントネーション，センスグループが自然なものとなるように，繰り返しを重視して行います。

Read & Look-upは，子どもたちは1文，あるいは1フレーズをトータル2回口頭で言います。1回目はテクストを見ながら発話し，2回目はテクス

トから目を離して発話します。読むべき部分を明確にするために，

① 教師が読むべき部分を単独で音読

② 子どもたちがクラス一斉に同じ部分を，テクストを見て音読

③ 子どもたちがテクストから目を離して音読

というサイクルで行います。

ロールプレイは，登場人物の役割を教師と子どもたち，あるいは子どもたちのペアで分担して行います。場面や登場人物の心情などを考慮して適切な抑揚をつけ，臨場感が出るように努めます。最初に教師とクラス全体の形で行うと，教師が手本を示せることから子どもたちが抑揚をつけやすくなります。また，前の時間に行った内容理解がしっかりできており，子どもたちが様々な自己表現をしやすいクラス環境ができあがっていれば，子どもたちもそれぞれの文に感情をしっかり込めて発話できます。教師とのロールプレイの後は，いよいよ子どもたち同士でロールプレイを行います。子どもたちが，両方の登場人物（今回は２人を想定）の役割をこなせるようにします。

続いてシャドウイングを行いますが，これは，本時の宿題として音読の録音を提出させるための準備です。スローラーナーに対しては，教科書のテクストを見ながら音読をさせても構いませんが，「聞こえた通りに発音する」ことは意識させるようにします。今回の練習時間は５分に設定します。

モデル音声は，教科書の教材サイトから呼び出します。必要に応じてシャドウイングの説明をします。また，子どもたちには必ずイヤホンを使用させ，友人の声が邪魔にならないようにします。５分間を計るタイマーを準備し，子どもたちに残り時間がわかるようにします。

ワンポイントアドバイス

モデル音声は，教材付属の教材サイトやデジタル教科書のものを活用します。私の学校で使用している啓林館『BLUE SKY English Course』では，教科書のページに印刷されている QR コードをタブレットのカメラで読み取るこ

とで音声のページに移動することができます。検定教科書や各種副教材にはQRコードを読み込むことで呼び出せる付属教材が準備されている場合が多くありますので，端末でQRコードを読み込めるようにしておくことをおすすめします。また，JTEが録音したモデル音声をGoogle Classroomなどで配布するという方法もあります。

03 宿題で音読テストを実施する

今回の宿題は音読テストです。授業で行った音読を帰宅後に一人でも再現できるかどうかを確認する復習を目的とした活動です。音読を提出させる上で子どもたちに次の点を意識させます。

（1）授業で行った音読が，再現できることを目指す。

（2）提出前に納得がいくまで練習をする，あるいは録音を繰り返す。

（3）提出した録音はルーブリック評価して点数化し，成績に反映される。

（ア）提出期限【間に合った　遅れた　未提出】

（イ）スムーズに読めたか【スムーズに読めた　まあまあ　ぎこちない】

（ウ）イントネーション【正確　まあまあ　棒読みまたは不正確】

（エ）英語として認識できる発音になっているか【できている　まあまあ　できていない】

ワンポイントアドバイス

音読の提出はGoogle Classroomで行います。提出状況の管理とルーブリック評価，フィードバック，返却の処理が一括して行えます。期限を日時，時刻まで設定すると，「提出」か「未提出」だけでなく，「間に合った」か「遅れた」かについても厳密に記録することができます。学期，あるいは年間を通した管理も行えますし，ルーブリックは一度設定すると次回の音読テストにも流用することができます。

中学２年　［ライティング］［発表］

06 各自で調べて将来の夢を語り合おう！

［英語表現］ will や be going to，want to　など
［ ツール ］ Classroom，Jamboard，ドキュメント　など

ねらい

・will や be going to，want to を使って将来の夢について自分の意見を述べることができる。

授業の流れ

導入	**① 文法事項の復習を行う。** ・will や be going to，have to などの作文で使えそうな文法項目の確認。 ・小学校で既習の want to の確認。
展開	**② 将来の職業やしたいことをまとめ英文にする。** ・「なりたい，やりたいこと」，「魅力」や「理由」，「そのためにすべきこと」を書き出す。
まとめ	**③ 書いた作文をお互いに聞かせ合う。** ・互いの作文をペアやグループで発表し，ワークシートにまとめる。

授業の流れとICT活用のポイント

01 文法事項の復習を行う

まず作文に使える文法事項を復習します。

たとえばwillやbe going to，have toについて，意味と使い方を簡単におさらいしておきます。それぞれの学習時に学習動画を作成しているのであれば，それを活用することもできます。

また，want toについても使い方をおさらいしておきます。to不定詞は2年生の学習事項ですが，want toは小学校での既習事項になります。授業時にto不定詞が未習であっても，want toだけを取り出しておさらいしておきましょう。

02 将来の職業やしたいことをまとめ英文にする

作文するにあたって必要な項目をメモにしておきます。

職業，部活や課外活動，趣味の延長で将来やりたいこと，高校や大学などに進学して学んでみたいことなどなど…，**「何を書いてもよい」ということを生徒たちに伝えておきます**。どうしてもアイデアが浮かばない生徒に対しては，現時点ではまだやりたいことがないことを書かせてもよいでしょう。

職業ややりたいことの「魅力」や「理由」,「そのためにすべきこと」を書き出させます。「そのためにすべきこと」についてはわからない場合もあるので，Webや書籍で下調べを行います。

作文にはできるだけ固有名詞が入るように促します。漠然とやりたいことや職業を述べるよりも，会社名や，それができる場所，理由となった人や場所，そのために通わなければならない進学先の学校名などが出てくると，具体性が増し，個性が出てきます。

作文は，１文目で「なりたい職業・やりたいこと」を書きます。「魅力」や「理由」,「そのためにすべきこと」を３～４文程度，最後のまとめの文で，その職業に就く，あるいはそれをすることでどうしたいかという形にするとよいでしょう。

ワンポイントアドバイス

メモを作成する段階でGoogle Jamboardを活用すると，Webで検索した内容を簡単にコピーしたり，書籍で見つけたこともカメラで撮って簡単にメモにしたりすることができます。

内容によっては生徒が教師に質問するケースもありますが，Jamboardを教師と生徒の間で共有する設定にしておけば，参照してほしいWebサイトのURLを載せて直接伝えたり，メモを書き込んだりすることも容易です。

作文は，Google Classroomの授業で配布したGoogleドキュメントのファイルに書かせます。清書が完成した時点で，生徒に「完了としてマーク」を押させます。

03 書いた作文をお互いに聞かせ合う

作品が完成したら，ペアやグループで作文を朗読します。ワークシートを配布し，友人の作文の朗読を聞いてその内容をまとめさせます。

このワークシートは，提出させるようにすることで，友人の朗読をしっかり聞くためのきっかけにすることができます。

ワンポイントアドバイス

今回のように，コミュニケーション活動を行う際にワークシートを配布することがよくありますが，このワークシート自体をオンラインで配布することも可能です。

今回の場合，Google Classroom の「授業」の中で Google スプレッドシートを使用してワークシートを作成し，「生徒にコピーを配布」を指定して配布します。生徒は，自分の作文を朗読する際には Google ドキュメントを開き，友人の朗読を聞くときにはスプレッドシートを開いてまとめます。まとめのワークシートは，活動が終わった時点で閉じ，Classroom で生徒に「完了としてマーク」を押させます。

中学２年　［スピーキング］［ライティング］

07 自分の文と友達の文をつないでみよう！

［英語表現］　接続詞 if を使った表現
［ ツール ］　スプレッドシート　など

ねらい

・アクティビティを通して接続詞 if の使い方を理解する。
・クラスメイトがつくった文の意図を解釈し，自分がつくった文と併せて文脈を構成する。

授業の流れ

導入	**①　生徒に Google スプレッドシートに，一般動詞（現在形）を使った例文をつくらせ入力する。**
展開	**②　生徒は，接続詞 if を使って友人と自分の文をつなげる。** ・“If［友人の文］，［自分の文］。”という形で文をつなげる。口頭で行う。文脈の整合性があるかどうか検証する。 ・２回目は友人がつくった文の中から，自分の文と文脈の合うものを選び，if を使ってつなげる。完成した文はスプレッドシートに入力する。
まとめ	**③　文法のまとめ。** ・教師は，展開で生徒が書いた例文の中から２～３選び黒板に板書し，文法上の特徴をマークし説明を加える。

授業の流れとICT活用のポイント

01 一般動詞を使った例文を考えスプレッドシートに入力する

接続詞ifを用いた文は一般動詞・be動詞のいずれも伴います。ここでは，生徒個人の行動の条件を他の生徒が作成した文にしています。また，行動を表現しやすいように一般動詞に限定するようにしています。

スプレッドシートには，生徒の名前をあらかじめ用意しておき，それぞれの生徒が記入する場所を指定しておくとよいでしょう。

また，記入しやすいように，**文を入力するセルの幅をあらかじめ広げておく**のもおすすめです。生徒は自分の端末でもこのスプレッドシートを見ていますが，教師が説明をしやすくするためにも，プロジェクタなどを利用してこのスプレッドシートをスクリーン等に投影しておくとよりスムーズに進行ができるでしょう。

ワンポイントアドバイス

Google スプレッドシートを含め，Google ドキュメント，Google スライド，Jamboard などの Google Workspace のアプリは，40人規模のクラスでも，共有をしておけば，その全員が同時にファイルの編集が可能です。

そして編集した内容は，リアルタイムでそのファイルを開いている全員に反映されます。

統語が苦手であったり，作文の内容に困っていたりする生徒であっても，他の生徒の作文を参考にしながら自分の文をつくることができます。また，作文ができている，できていないの状態が教室内の教師・生徒全員から見えてしまうので，生徒にとっても文を時間内に完成させる動機づけに成り得るのです。

02 他の生徒がつくった文を参照する

前半は，出席番号の前後，あるいは教室の座席の前後や左右の生徒で文をつなげていく作業です。たとえば，前の生徒Ａの文が“I study English.”で，後の生徒Ｂの文が“I play baseball in the school ground.”とすると，生徒Ｂは“If I study English, I will play baseball in the school ground.”と発表することになります。

内容としてはおかしな文にはなりますが，機械的に前の生徒が発表した文に if を付加し，自分がつくった文に will を加えてつなげるというパターンプラクティスになるのです。

後半は，自分の書いた文とできるだけ文脈が合う例文を選び，文を完成させていきます。このとき，他の生徒がどのような文を書いているかを読んで理解できる必要があります。

今度は，一人ずつ口答で発表させるのではなく，先程のスプレッドシートの隣のセルに完成した文を入力するように指示します。入力完了後，教師はそれぞれの生徒が書いた文の内容についてのフィードバックをクラスに対して行います。

ワンポイントアドバイス

１つのファイルに同時に，しかもお互いの書いた文を参照できるようにすることで，素早く，しかもどの生徒・教師も簡単に書いた文を共有できます。従来であれば，作業のためのハンドアウトや，生徒のノートをお互いに見せ合ったり，全員で共有するためには全員分の文を板書したり，１枚のシートにまとめたハンドアウトを作成する必要がありましたが，ICT を活用することで，それらの作業が非常に簡単に，しかも瞬時にして可能となりました。

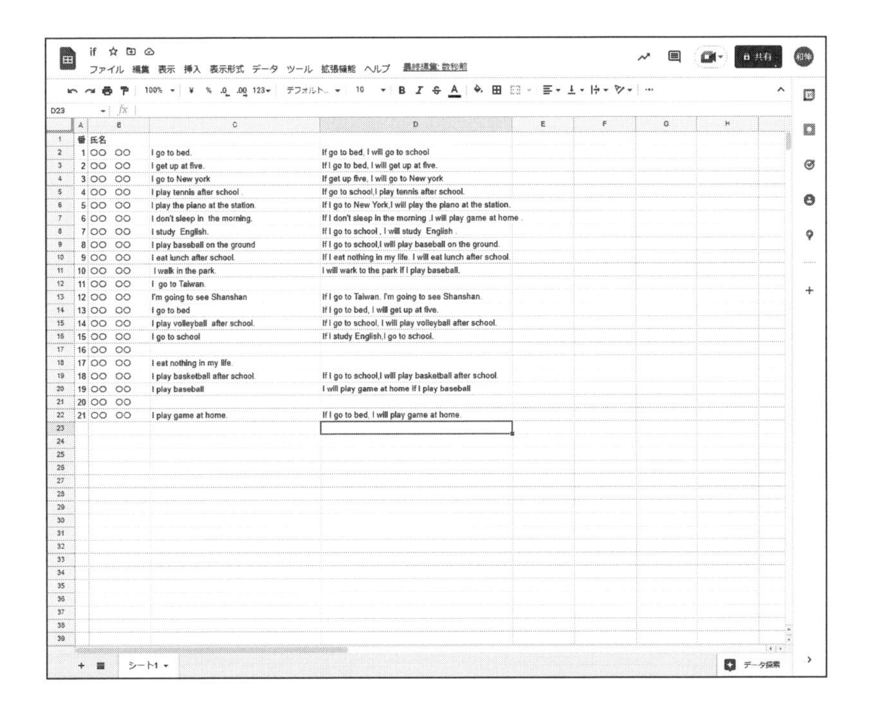

番	氏名		
1	○○　○○	I go to bed.	If go to bed, I will go to school
2	○○　○○	I get up at five.	If I go to bed, I will get up at five.
3	○○　○○	I go to New york	If get up five, I will go to New york
4	○○　○○	I play tennis after school .	If go to school,I play tennis after school.
5	○○　○○	I play the piano at the station.	If I go to New York,I will play the piano at the station.
6	○○　○○	I don't sleep in the morning.	If I don't sleep in the morning ,I will play game at home .
7	○○　○○	I study English.	If I go to school , I will study English .
8	○○　○○	I play baseball on the ground	If I go to school,I will play baseball on the ground.
9	○○　○○	I eat lunch after school.	If I eat nothing in my life. I will eat lunch after school.
10	○○　○○	I walk in the park.	I will wark to the park if I play baseball.
11	○○　○○	I go to Taiwan.	
12	○○　○○	I'm going to see Shanshan	If I go to Taiwan. I'm going to see Shanshan.
13	○○　○○	I go to bed	If I go to bed, I will get up at five.
14	○○　○○	I play volleyball after school.	If I go to school, I will play volleyball after school.
15	○○　○○	I go to school	If I study English,I go to school.
16	○○　○○		
17	○○　○○	I eat nothing in my life.	
18	○○　○○	I play basketball after school.	If I go to school,I will play basketball after school.
19	○○　○○	I play baseball	I will play game at home if I play baseball
20	○○　○○		
21	○○　○○	I play game at home.	If I go to bed, I will play game at home.

03 文法のまとめ―あえて黒板を使う

導入と展開ではICTを活用してきましたが，まとめは，あえて黒板への板書という従来のスタイルをとります。

接続詞ifを使った文の特徴をまとめる場面です。生徒には必要に応じて板書を写させたいねらいもあります。**板書のメリットは，教師が話す進度に従って内容が増えていくところ**にあります。言い換えると，生徒に集中してほしいポイントこそ，教師がまさに板書を行っている箇所ということです。教師が話しながら，板書した生徒の英文に下線を付けたり，囲みを付けたり，メモを付加することで，説明の内容が強調されます。

中学２年　　　［リーディング］

08 全員の考えを共有しながら内容理解を進めていこう！

［英語表現］ I was excited to see the festival.　など
［ ツール ］ スプレッドシート，ドキュメント　など

ねらい

・主体的に英語を読む。
・指示された情報を的確に読み取れるようになる。

授業の流れ

導入	**①　英文の背景情報を理解する。** ・英文についての背景情報について簡単に説明し，内容について大まかに把握する。
展開	**②　内容の読み取りを行う。** ・英文のテーマを読み取る。 ・新出語句の学習。 ・内容についての発問を行い，子どもたちに読み取り作業を行わせる。
まとめ	**③　内容についての感想をまとめる。** ・世界には様々な文化があることを感じさせ，感想を書く。

授業の流れと ICT 活用のポイント

01 英文の背景情報について理解する

子どもたちに，書かれている英語を読み取りやすくするために，情報を読み取るためのレディネスを形成させます。

今回紹介する実践では，啓林館『BLUE SKY English Course 2』Unit 5，Part 3の内容を活用しました。この教材は，タイの水かけ祭り（Songkran）について述べられたものです。子どもたちには，教科書の登場人物がテレビでタイの祭りについて話している映像を見せて，祭りについて述べているとだけ伝えます。

このように，**英文についての大まかな情報を読む前に与え，子どもたちに英文の情報が入りやすい状況を前もってつくっておきます。**

02 英文の読み取りを行う

このページの文法事項である to 不定詞の形容詞的用法については前の時間までに学習済みですが，新出語句についての学習はまだ行っていない状況です。まずこの初見の状態で情報を読み取らせます。

細かい読み取りは避け，大まかに読み取りをさせます。どんな情報でもよいので，わかったことを1つだけ5分間で読み取り挙げさせます。わかったことは，Google ドライブ上に作成した Google スプレッドシートに全員入力させます。

5分間の制限時間は生徒にわかりやすいように，プロジェクタなどでタイマーを掲示しておくとよいでしょう。

5分経過したところで，子どもたちの回答を確認します。子どもたちの回答の内容を一つひとつ確認していきます。子どもたちは手探り状態で答えているので，内容の一部分でも合っているところがあればそれを指摘して褒めるようにします。

子どもたちの回答の中に全体のテーマを把握できるもの，あるいはつながるものがあればそれをクラス全体に伝え，意識させます。

次に語彙指導を行います。Microsoft PowerPoint でフラッシュカードを作成し，子どもたちに発音させ，意味も確認させます。語彙の一覧表を準備し，発音させた後にまとめさせてもよいでしょう。

ワンポイントアドバイス

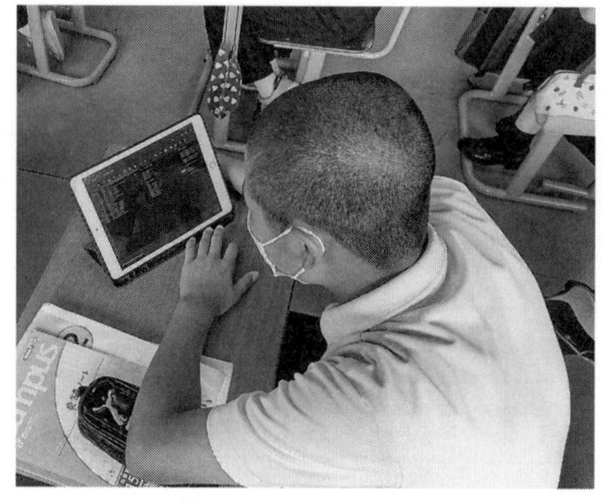

回答用のスプレッドシートにはＡ列に氏名，Ｂ列以降を広く取り，回答用のスペースとします。あらかじめ子どもたちに共有を設定しておきます。このスプレッドシートは子どもたちの端末からも見えていますが，子どもたち一人ひとりの回答内容についてクラスで紹介するときには，プロジェクタに投影したものをクラス全員で見ながら授業を進めることをおすすめします。プロジェクタの映像を全員で見ることで，子どもたちの注目を１箇所に集めることができます。

03 日本の祭りと比較しながら感想をまとめる

この教科書の単元では，スペインのトマト祭り，タイの水かけ祭であるSongkran が素材として取り上げられています。これらの祭りを見た子どもたちからは驚きの声が上がります。

一方で日本の祭りに目を向けると，大阪・岸和田のだんじり祭や長野・諏訪大社の御柱祭など，十分驚くに値する祭りが存在します。また，皆さんの地元や近隣の地域にも有名な祭りが存在することもあるでしょう。

これらの祭りがなぜ行われているかを英語で表現したり，理由自体を考えたりすることで，外国や日本，あるいは地元の文化について深く考える機会にもなります。

なおこの単元が含まれる Unit 5 では to 不定詞の３つの用法について学んでおり，Part 2 で学習した “I was excited to see the festival.” や，Part 3 で学習した “Songkran is a festival to celebrate Thai New Year's Day.” などの既習事項を活かして英語で感想を書かせます。

ワンポイントアドバイス

感想文の提出は，Google Classroom を通して行います。後で添削やコメントを入れることを考慮して，Google ドキュメントで入力用のテンプレートフォームを作成して，Classroom での課題配布の際には「生徒にコピーを配布」を指定して行います。生徒によっては，Apple Pencil などの電子ペンで手書きにしたり，ノートに鉛筆などで手書きしたものを写真に撮って提出させてもよいでしょう。

Apple Pencil などの電子ペンの使用に慣れてくると，教員も子どもたちも Google ドキュメントでタイプして提出するよりも，Google ドキュメントのファイルに電子ペンで手書きしたり，紙やノートに書いたものを写真で撮ったりする方がやりやすく感じるようになります。

［ライティング］

09 海外の子どもたちに自分の学校を紹介しよう！

［英語表現］　全般
［ ツール ］　ドキュメント，Jamboard　など

ねらい

・学校の特徴を英語で表現する。
・日本の学校の特徴を外国人に伝える。

授業の流れ

導入	**①　実際の作文例を読んで完成形をイメージする。** ・どのような内容を紹介するか作文例を読んで考える。 ・助動詞の復習を行う。
展開	**②　書く内容を決める。** ・書くべき内容についてメモをつくる。 ・メモをもとに作文し，添削する。 ・清書を行う。
まとめ	**③　作文を発表する。**

授業の流れと ICT 活用のポイント

01 実際の作文例を読んで完成形をイメージする

今回は，アメリカ研修旅行において姉妹校で自分の学校を紹介することを前提に作文をします。教科書に掲載されている，「ウェブサイトで自分の学校を紹介する」という教材をヒントにします。

私の勤務校は実際にアメリカ・カリフォルニア州に姉妹校が２校存在しますので，実際に姉妹校のウェブサイトを子どもたちと一緒に見て動機づけをします。

学校がある場所を簡単に紹介したり，行事や校則などを紹介したりする内容で作成します。直近の授業で助動詞を学んでいますのでうまく活用します。助動詞の復習も行います。

好きな内容で作文してよいのですが，自分の学校の特徴を子どもたちに考えさせ，学校の「らしさ」が出るような作文にするとよりよい内容になることを伝えます。

ワンポイントアドバイス

実際に外国の学校のウェブサイトを子どもたちに見せるときは，本物（authentic）の英語で書かれているので，子どもたちの能力によって見せ方を変えます。能力の高い子どもたちが対象の場合は，あらかじめ探すべき情報を指示した上で，子どもたち個人の端末でウェブサイトを閲覧させることができます。英語の能力が十分に身についていない子どもたちの場合は，教員の端末をプロジェクタで投影しながら書かれている内容を一緒に読み取っていきます。

02 書く内容を決める

どのような内容を書くかを決め，メモをつくります。メモはノートに書いてもよいですが，今回はJamboardで作成します。私の勤務校は島根県松江市にありますが，外国人に島根県松江市と言ってもなかなかイメージできません。都道府県や市町村名を出すことは必要ですが，“Matsue is in the 380 miles west of Tokyo.”のように，東京を基点として位置関係を示すように教えます。その事実だけでも子どもたちには驚きかもしれません。作文とともに地図を入れてもよいでしょう。

そして，紹介したい学校の生活や行事，校則などのルールを挙げさせます。学校らしさが出る特徴を２つ程度選び，１つのことについて各内容を３項目程度（＝３文）準備させます。例えば制服を着ることを取り上げるのであれば，制服の写真を入れてもよいでしょう。

書く内容が決まったら作文を始めます。作文の添削はGoogle Classroomを通して行います。ノートに書いたものを撮影して提出するか，Googleドキュメントで作成した下書きシートをClassroomで配布して，タイプあるいはApple Pencilなどの電子ペンで手書きしたものを提出させます。

ワンポイントアドバイス

今回は下書きメモの作成にJamboardを使用しました。最終的にドキュメントで清書するときに使用する画像なども貼り付けておくことができます。また，紙のメモと全く同じように記録していける上に，教員とその内容を共有したいときにも簡単に共有ができます。

子どもたちにノートや紙に書いた英文を提出させると，そのノートや紙は添削の間は生徒の手から離れることになります。また，授業内で添削をすると，子どもたちは自分の添削の番を待たなければならなくなりますが，オンラインではこれらの問題が解消されます。清書はドキュメントを使用してタイプさせます。メモや添削は手書きでもよいですが，最終的に作品としてあげる場合はタイプした方がよいでしょう。地図や写真なども入れて見た目もしっかりした内容に仕上げます。**ドキュメントで作成した文書は，Microsoft Word 形式や PDF にも出力が可能ですので，学習活動終了後のファイルの取り扱いもしやすくなります。**

03 作文を発表する

今回は４～５人のグループでの発表にします。作成した文書をグループ内で共有して，作者が読む形で発表します。そしてあらかじめ感想を言う順番を決めておき，発表後に英語で感想を述べるようにしておきます。たとえば，

You wrote about [school trip]. It was [wonderful].

といった感想の述べ方のひな形を事前に準備しておき，[ ] に入りそうな学校生活や行事などについての表現や感想の言葉の例を用意し，実際に口頭で言う練習をしておきます。

ワンポイントアドバイス

子どもたちが作成した感想文のファイルは，クラス全体に共有を設定しておきます。このとき，友人がファイルを編集できない状態にすることが大切です。故意ではなくても，誤ってファイルの中身を変更してしまう場合があるからです。Google ドキュメントなどのアプリや Google ドライブなどで他の人とファイルを共有する際には，ファイルを閲覧できる人が，ファイルを消去することができるレベルや，消去を除いた編集ができるレベル，閲覧だけができるレベルなどに設定可能です。

中学2年　[文法説明] [ライティング]

10 理想の職業のアンケート結果をランキングにしよう！

[英語表現]　want to ~.（to 不定詞）

[ツール]　スプレッドシート，ドキュメント　など

ねらい

・want to の使い方を理解する。

・理想の職業について英語で述べることができる。

授業の流れ

導入	**① want to の例文を示す。** ・例文を多めに示して意味と使い方を帰納的に提示する。
展開	**② 使い方の練習。** ・文法の説明とパターンプラクティスをする。 ・中学生のなりたい職業リストを示し，自分がなってもいい，あるいは考えてもいい職業を3つ選び Google スプレッドシートへ入力する。 ・クラスのなりたい職業リストの結果を発表する。
まとめ	**③ 選んだ職業について to 不定詞を使った英文で表現。**

授業の流れと ICT 活用のポイント

01 want to の例文を示す

本時は to 不定詞の名詞的用法の導入です。to 不定詞としても最初の時間です。多くの子どもたちが苦手意識を強くもつ単元なので，意味と語法をしっかりと印象付けたいところです。小学校段階では，to 不定詞について学習はしていませんが，want to の形で「～したい」という意味になることは触れています。want to go to ～ という形で行ってみたい国や場所，なりたい職業などを例文にして板書していきます。

例文を挙げる際には，子どもたちに関わりのある形で作成します。子どもたちとやり取りをしながら，子どもたちや教師が行ってみたい国を挙げるなど，子どもたちから情報を引き出しながら例文をつくります。脈絡のないありふれた例文をつくっても，子どもたちにとってはその例文は意味をもちません。例えば，ニュースをよく見る子どもが北朝鮮に行ってみたいと言ったら，「へえ，そうなんだ。○○は北朝鮮に行ってみたいんだ」と話しながら，"○○ wants to go to North Korea." と板書すれば，それを発言した子どもにも，それを聞いた他の友人にも，この文自体が強く印象に残ります。

ワンポイントアドバイス

子どもたちから行ってみたい国や場所が出てきたら，プロジェクタに接続した端末を使い，Web や Google マップなどでその国や地域に関係する映像や地図を表示し，子どもたちに強く意識させます。事前に子どもたちがどんな国や地域を挙げるか聞かずに行うため，事前の準備ができませんので，その場で対応しにくいかもしれませんが，その時々の関連するニュースや話題を示せれば，子どもたちにとって印象が強くなるのは間違いありません。

02 使い方を練習する

導入でwant to go to ～という形で例文を示しているので，これをもとにgo toをvisitやstudy aboutなど別の動詞に置き換え，want toで「～したい」という意味になることを，子どもたちに例示的に理解させたり，パターンプラクティスを行ったりします。この説明やパターンプラクティスにwant to be ～「～になりたい」を入れておきます。

今回は啓林館『BLUE SKY English Course 2』Unit 4，Part 2のアクティビティ教材を利用します。この教材は，2019年のある調査による中学生の理想職業のランキングが英語で示されています。この中から，なりたい，あるいは考えてもいい職業を３つ選ばせます。例示されているダイアログに当てはめて子どもたち同士でやり取りをさせます。

その後，スプレッドシートに，３つの職業を英語で書かせます。子どもたちの入力が済んだ段階で，教師は子どもたちが入力した文をソートし，それぞれの職業の文がいくつずつ書かれているか数え，そのクラスの人気の職業ランキングを発表します。１人が３つずつ選んでいるので，上位３位くらいまでははっきりと表れます。

ワンポイントアドバイス

子どもたちがなりたい職業の入力はGoogleスプレッドシートを使います。A列に番号，B列に氏名，C列～E列に職業を入力させます。子どもたちの入力後に，C列～E列の３列を１列にコピーしてソートを行います。同じ職業が並びますのでそれを数えて多いものから順位を付けていきます。

03 選んだ職業を to 不定詞を使って表現する

選んだ職業の中から1つを選んで英文にまとめます。今回は，次のような形でまとめさせます。like to と want to を使わせたいので，あえてそれらを使うという条件をつけます。1文目は単に like ではなく like to の形になっているので，like to に続ける動詞を考える必要があります。この動詞をうまく思いつけない子どもが出るので，必要に応じてヒントを与えます。

【例】 I like to speak English.
So I want to be an English teacher in the future.

英文は Google Classroom を使って提出させます。

ワンポイントアドバイス

英文の提出は，提出用のシートをあらかじめ Google ドキュメントで作成して「コピーを配布」しても構いませんし，子どもたち自身のノートに書かせたものを写真で撮って提出させても構いません。子どもたちからは次の3種類の提出が想定されます。

（1）Google ドキュメントのシートにタイプしたもの（ドキュメントのファイル）
（2）Google ドキュメントのシートに電子ペンで手書きしたもの（PDF ファイルなど）
（3）紙のノートに手書きしたものを撮影したもの（画像ファイル）

これら3形式のものが混ざって提出されたとしても，教員がチェックする上で手間が増えることはありませんので問題ありません。添削をする際も，例えば iPad と Apple Pencil を使う場合，3つの方法とも対応できます。

中学3年　　［スピーキング］［発表］

11 自分の住んでいる街を紹介しよう！

My hometown

［英語表現］　全般
［ ツール ］　Jamboard，スライド　など

ねらい

・海外研修旅行先のホストファミリーや学校で自分の住んでいる街について紹介できる。
・知っている英語で意思を伝える。

授業の流れ

導入	**①　住んでいる街について知る。** ・調べるジャンルでグループ分け ・事前調査 ・フィールドワーク
展開	**②　調べたことを英語のプレゼンテーションにする。** ・発表したいポイントを絞りスライドとスクリプトを作成する。 ・リハーサルを行い不足している点を補う。
まとめ	**③　校内にて事前発表会を行う。**

授業の流れと ICT 活用のポイント

01 住んでいる街について知る

筆者の勤務校では，以前は中学３年次にニュージーランド研修が行われていました。社会科の時間で行った地元について知る学習の成果を英語でつくり直し，滞在先の学校で発表していました。

発表内容を指定せずに，漠然と調べさせると，複数のグループがあっても似た内容になってきてしまいます。

そこで，たとえば，**「食」，「交通」，「街並み」，「文化」などといったように，調べる分野をテーマに分け，グループごとに担当**させます。

発表の前に，書籍や Web でフィールドワークの事前調査を行います。必要に応じて，市内の事業所などに訪問のアポを自分たちで取らせます。フィールドワークに出かけ，取材を行い，インタビューや，発表内容に関する現地写真を撮ってきます。

ワンポイントアドバイス

事前学習の打ち合わせでは，Google Jamboard を使用します。グループ内で相談する際のブレインストーミングやまとめに活用します。

また，セルラーモデルのタブレットであれば，フィールドワーク中の写真撮影や Jamboard への書き込みも校内と同じようにできます。Wi-Fi モデルであっても，Wi-Fi ルーターを併用すれば，セルラーモデルと同じように使用できます。

02 調べたことを英語のプレゼンテーションにする

Googleスライドを使ってスライドを作成します。発表するテーマやスライドごとに分担して作成させます。

スライドを作成する際に気を付けたいことは，**文化の違いにより，日本人ならばわかる説明でも，外国人には理解できないことがある，ということ**です。

例えば，筆者の地元には「どじょうすくい踊り」という郷土芸能があります。「どじょう」は英語でloachですが，日本とは異なり，欧米では魚の名前は必ずしも認識されるとは限りません。そのため，「どじょうとはどういう魚であるか」の説明が必要になります。

この例のように，他にも日本独特の文化を英語にする際には注意が必要です。

ワンポイントアドバイス

事前にGoogleスライドを使ってプレゼンテーションのスライドを作成しておきます。そうすると，研修旅行先にiPadやパソコンを持っていかなくても，Google WorkspaceのIDとパスワードがわかっていれば，現地でGoogleスライドを開くことができます。

海外の学校では校内Wi-Fiが普及していることも多いので，端末を持って行くことさえできれば，現地でも日本と同じように端末を利用することができるでしょう。

03 校内にて事前発表会を行う

出発前に，校内でのお披露目を兼ねて事前の発表会を行います。担当の英語の先生だけでなく，校内の様々な先生方，可能であれば保護者にも見てもらえるとよいでしょう。

他教科の先生や，英語があまり堪能ではない保護者の人にも見てもらうという前提でプレゼンテーションを行うのであれば，発表に使う英語はできるだけシンプルであることが望ましくなります。そう考えると，翻訳サイトなどを利用せず，自分たちが習った英語で発表することが最もシンプルな英語だということに生徒たちも気づきます。

翻訳サイトで子どもたちが訳した英語は，そもそも英語として不完全な場合が多く，翻訳できた場合でも，子どもたちの理解を超えた英語になることがしばしばです。

また，言うまでもなく，やはり保護者にとって，自分の子どもが英語でプレゼンテーションする姿は嬉しいものです。また，英語が話せる姿ということ以外にも，子どもたちがどのようなことを学び，どのようなことができるようになったのかを伝えられる貴重な機会です。

ワンポイントアドバイス

使用しないことを推奨した翻訳サイトですが，使い方次第では有効なツールになります。たとえばGoogle 翻訳が正確な英文を生成するのは，入力された日本語が正確な場合です。曖昧な日本語や，子どもたちが日常的に口語で使っているものをそのまま入力すると，でたらめな英語になります。

また単語レベルであれば，翻訳サイトで出てきた英語を検索サイトのGoogle で検索してみます。その語句が英語のサイトでどのような使われ方をしているか探します。求めているような意味で用いられているようであれば，それが有効な語句であることがわかります。

中学３年　［スピーキング］［発表］

12 日本の文化を伝えよう！

Picture Story Show — Lafcadio Hearn, *Mujina*

［英語表現］　全般
［ ツール ］　Jamboard　など

ねらい

・海外研修旅行先のホストファミリーに日本の文化を作品の朗読を通して伝える。
・郷土の文化について理解を深める。

授業の流れ

導入	**①　Lafcadio Hearn と『怪談』についての事前学習をする。** ・Lafcadio Hearn のルーツについて知る。 ・『怪談』の背景について知る。
展開	**②『ムジナ』の内容理解を行い，印象的なシーンを絵に描き，紙芝居での朗読練習を行う。** ・グループで絵にしたい場面を選定し，分担する。 ・朗読練習を行う。
まとめ	**③　事前発表会を行う。**

授業の流れと ICT 活用のポイント

01 Lafcadio Hearn と『怪談』についての事前学習をする

Lafcadio Hearn（小泉八雲）は，筆者の学校がある島根県松江市にゆかりのある文人です。Hearn の作品を研修旅行先でホストファミリーに紙芝居で読み聞かせをします。

Hearn は松江市にゆかりがあるのですが，不思議な点がたくさんあります。ギリシャ人なのになぜアイルランド育ちなのか，なぜ日本の怪談話なのか，どうして松江だったのかなどです。これらのことは，Lafcadio Hearn のルーツを調べることで知ることができます。

松江市の公立図書館では，郷土資料に Lafcadio Hearn に関するものが必ず揃えられています。学校図書館の司書さんにお願いすると，必要な書籍を校外の図書館から揃えてもらえます。Lafcadio Hearn については，先行研究が数多くあります。このような場合にはデジタルにこだわらずに，書籍を利用して学習をしてみるとよいでしょう。

教師側から，グループごとに調べる内容を指定しておきます。「Hearn が日本に来るまで」,「なぜ日本の怪談話か」,「Hearn の日本での生活」,「『怪談』とは」などです。この学習においてはこれらのテーマは教師が事前に設定しておきます。

Hearn についての調査がひと通り終わったら内容をまとめて報告会を行います。わかったことの他に，調べた結果出てきた疑問点などもまとめておきます。

ワンポイントアドバイス

調べたことはGoogle Jamboardにまとめます。グループのメンバーと相談しながら，わかった事柄を「付箋」にまとめます。必要に応じて事柄をまとめてページをつくり，必要なメモを書き加えていきます。今回は，最後の報告会で，ここで作成したJamboardを使います。他のグループの友人が見てもわかりやすい「板書」をつくります。

02 印象的なシーンを絵に描き朗読練習を行う

紙芝居の素材として使うのは『ムジナ』です。のっぺらぼうを題材にしたストーリーです。『ムジナ』を選んだ理由は，『怪談』の中では最もストーリーが短いことです。そして，平成元年当時の開隆堂出版の中学校の検定教科書には，当時の中学校レベルの文法と語彙だけでリライトされた『ムジナ』が掲載されていました。これを探してきて利用します。

読解が目的ではないので，英文の解釈には教師が積極的に関わります。

『ムジナ』は赤坂の紀国坂が舞台で，紀州藩の屋敷のそばです。そういった様子も伝えながら子どもたちに場面をイメージさせます。登場人物の描写や動作を言葉やジェスチャーで伝えながらイメージを膨らませます。

そしてグループごとにどの場面の画を準備するか決めさせます。描いた絵はスキャナーなどで読み取り，Googleスライドに貼り付けます。紙芝居自体はこれで完成です。

後は，一人で，あるいはグループで分担してストーリーを暗唱し，雰囲気が出るように抑揚などを付けて朗読する練習をします。

ワンポイントアドバイス

紙に描かせた絵をスキャナーで取り込むのもよいですが，生徒の中にはイラストが得意な子もいます。中には iPad と Apple Pencil でプロ顔負けのイラストを仕上げられる子どももいます。「アイビスペイント」のようなイラストアプリを使用して絵を完成させ，子どもたちの創造性を発揮する場面をつくるのもよい方法です。

03 事前発表会を行う

My hometown の発表と同じように事前発表会を行います。ただし，My hometown の場合と異なるのは，誰もが同じ題材を発表するというところです。生徒同士で，誰の発表が理想的か，あるいは誰かの発表を真似したいと感じ，自分の発表に取り入れたいと感じることが大切です。

ワンポイントアドバイス

どんなに英語が苦手な生徒でも，英語が上手になりたいという願望をもっています。また，ある生徒が真似したいと感じたということは，その友人を褒める材料をもっているということです。言うまでもありませんが，生徒たちの自己肯定感を育てることは，どんなに指導技術のある教師の指導よりも強力な指導方法です。

中学3年　[スピーキング] [リスニング] [発表]

13 留学生へのインタビューをまとめよう！

[英語表現]　全般

[ツール]　Jamboard　など

ねらい

・英語で必要な情報を得ることができる。

・得られた情報を英語で発表し，友人に伝えることができる。

授業の流れ

導入	**① 留学生を簡単に紹介しグループでインタビュー内容を考える。** ・留学生の名前程度の情報を紹介し，留学生をグループに一人ずつつける。 ・留学生に尋ねる質問項目を示す。
展開	**② 留学生へのインタビューと発表資料を作成する。** ・お互いに自己紹介する。 ・留学生にインタビューを行う。 ・インタビューで得られたことを Jamboard にまとめる。 ・発表のリハーサルをする。
まとめ	**③ クラスに留学生を紹介する。**

授業の流れと ICT 活用のポイント

01 留学生を簡単に紹介しクラスをグループに分ける

私が勤務する学校は中高の一貫校で，高校には年間を通して海外からの留学生が最低１名はいることが多いです。また時期によっては，１か月の短期の留学生が複数いる場合があります。留学生は出身地が様々で英語を母国語としない場合も多くありますが，やってくる留学生の大半は英語を EFL として学んでおり英語でコミュニケーションが可能です。今回は短期留学で来ている複数の留学生に英語でインタビューを行いクラスに紹介をします。

授業の最初で，生徒には留学生たちの名前程度のみを紹介し顔見せを行います。個々の留学生の紹介は，この後の学習活動を通して得られるようにしたいので，ここではあえて伝えません。生徒には英語で質問すべき内容を下記のように箇条書きで示し，どのように尋ねるかは生徒たち自身に考えさせます。もちろん，これら以外に尋ねてもよいことにします。

・名前（母国語で）
・出身地（地域の特徴も紹介）
・母国語（簡単な表現を教えてもらい，披露すること）
・地元の有名な食べ物
・留学生がホストファミリーの家に帰ってから使える日本語を指導し発表（子どもたちが日常的に使っているものの中で，日本語の学習では習わなさそうなもの。意味や使い方も指導する）

02 留学生へのインタビューをし，発表資料を作成する

まずは留学生を含め，グループの全員が自己紹介をするところから始めま

す。教師は，子どもたちがコミュニケーションでいよいよどうにもならないという状況になるまでは介入しません。今回大切なことは意図が伝わるかどうかということです。間違った英語を使っていても，本当に困るまでは静観します。コミュニケーションが始まりお互いに打ち解けてくると，だんだんと盛り上がっていきます。**英語でのやり取りの結果として子どもたちに何らかの感情が生まれたとすれば大成功**と言えます。

今回はJamboardで発表資料をつくります。質問1つに対して1ページを基本とします。出身地は地図や写真を貼り付けるなどして，ただ出身地の地名を紹介して終わらないようにします。留学生と話しながら，適切な地図や写真を載せていきます。Jamboardの中身は，他のグループの子どもたちが見たときにわかる情報であるかどうかだけは確認をしておきます。必要であれば子どもたちに助言を与えます。

一通り資料が完成したら，発表のリハーサルを行います。使用する英語は既習事項の中にあるのでそれほど難しくはありませんが，留学生の名前や出身地，食べ物などの名称が英語由来ではないので，発音が難しい可能性があります。留学生に指導をしてもらいます。

子どもたちが留学生に指導した日本語については，適切なものかどうか確認しておきます。またこの後の発表で，留学生本人にその日本語を披露してもらいます。

ワンポイントアドバイス

今回はあえてJamboardを使用しました。これは，子どもたちにとって，日本語や英語でタイプすることは簡単ですが，それら以外の言語を入力するとなると，端末に特別な操作が必要になります。例えばヨーロッパの言語の中にはアクセント記号を含んだ言語（ドイツ語のウムラウト[ä]など）や韓国語のハングル文字，中国語の簡体字などがそれにあたります。こういった文字は，入力するよりも手書きで書いてしまった方が簡単です。もし子どもたちが上手く書けなければ，留学生にお願いをして書いてもらうのも今回はコミュニケーションのよい材料となります。

03 留学生をクラスに紹介する

グループごとに留学生の紹介を行います。時間が超過して時間内に終えられない場合でも次の時間には持ち越せないので，発表時間をしっかり管理して発表を行います。子どもたちにもそのことを伝え，タイマーを掲示し，時間を意識させます。

個々の留学生について詳しく紹介していないので，グループごとに自然なインフォメーションギャップが発生しています。**聞き手の子どもたちは，それぞれのグループの発表に強い関心をもてるので，他の子どもたちが話す英語を聞こうとする姿勢を自然につくり出すことができます**。また，留学生，子どもたち，教員の共通言語が英語のため，英語を使わなければならない自然な状況をつくり出すことにもなっています。今回は留学生でしたが，地域にいる外国にルーツのある方に協力をお願いすることで，同じ環境を用意できます。

また，英語を母国語としない留学生は，たいていEFLとして英語を学習しています。お互いに英語が使えたから楽しい時間を過ごせたことを意識させ，英語を学ぶ動機にしていきましょう。

ワンポイントアドバイス

発表用のJamboardのページは子どもたちの端末を液晶プロジェクタなどで大きく投影して発表させます。タイマーは教員の端末を発表する子どもたちに見える場所に置いておきます。

おわりに

今回このような執筆の機会を与えていただいたことで，私自身もこれまでICTをどのように活用してきたか振り返ることができました。またこれからどのように活用していくかについても整理することができました。

私は，校内では教務とICT関連機器を管理する分掌の部長を務めています。私が部長を務める時期と校内のサーバーや導入している公務支援システムの更新時期が偶然重なり，英語教育だけでなく，校内の様々なICT環境について再整備を率先して行わなければならなくなりました。そんな折に本書を執筆することとなり，学校現場におけるICT活用については様々に感じている部分がありました。

私の勤務校では，主にGoogle Workspaceと教務支援システムの活用がICT活用の中心にあります。これらの導入により，多くの手作業が自動化されました。その導入には時間と労力が必要でしたが，導入後は授業や業務が効率化されたり，これまで不可能だったことが可能になったりしました。

ICTは，決められた作業ならば，人間が行うよりもはるかに正確かつ迅速にこなすことができます。しかし，その正確かつ迅速な処理が，私たちが求めている結果と必ずしも一致するとは限りません。それは，私たちが実施している作業の過程には，人間にしかできない曖昧さを含んだ作業もあり，必ずしも規則に則った処理とは限らないからです。

AIの進歩により，そういった人間の曖昧さを含んだ判断も次第にICTで処理できるようになってきています。しかし現段階では，ICTはあくまで道具の１つで，人間こそが授業をしていることに変わりはないのです。

最後に，今回このような機会を与えて下さった明治図書の編集担当の方，開星中学・高等学校の理事長先生や校長先生以下，同僚の皆さん，そして協力してくれた生徒の皆さんに深く感謝申し上げます。

青木　和伸

参考資料

・http://www.nit.or.jp/ 日本図書教材協会，全国図書教材協議会

・開隆堂出版『Sunshine English Course 2』1992.

・新興出版社啓林館『BLUE SKY English Course 1』2021.

・新興出版社啓林館『BLUE SKY English Course 2』2021.

・新興出版社啓林館『BLUE SKY English Course 3』2021.

・国立教育政策研究所教育課程研究センター『「指導と評価の一体化」のための学習評価に関する参考資料　中学校　外国語』2020.
https://www.nier.go.jp/kaihatsu/pdf/hyouka/r020326_mid_gaikokg.pdf

【著者紹介】
青木　和伸（あおき　かずのぶ）
開星中学・高等学校教諭
Google Workspace for Education や iPad を中心に，ICT ツールを取り入れた授業をデザインしている。生徒が自ら気づき，学びたくなる仕掛けをつくることを念頭に置き，授業改善を積み重ねる。
授業以外にも，働き方や業務効率の視点での ICT の有効な活用方法を研究中。

中学校英語サポートBOOKS
中学校英語× ICT　学びが広がる活用アイデア

2023年３月初版第１刷刊 ©著　者 青　木　和　伸
発行者 藤　原　光　政
発行所 明治図書出版株式会社
http://www.meijitosho.co.jp
（企画）新井皓士（校正）宮森由紀子
〒114-0023　東京都北区滝野川7-46-1
振替00160-5-151318　電話03(5907)6701
ご注文窓口　電話03(5907)6668
＊検印省略　組版所 日本ハイコム株式会社

Printed in Japan　ISBN978-4-18-349226-5